Bernhard Johannes Schmidt

AUTISMEN

Aphorismen eines Autisten

'sempre avanti'

Bernhard J. Schmidt
AUTISMEN
Aphorismen eines Autisten

4. überarbeitete und ergänzte Auflage
© 2020 Bernhard J. Schmidt,
Oberwarmensteinach
Alle Rechte vorbehalten.
ISBN: 978-3751953160

Herstellung und Verlag:
BoD – Books on Demand, Norderstedt.

Bibliografische Information der Deutschen Nationalbibliothek:
Die Deutsche Nationalbibliothek verzeichnet diese Publikation
in der Deutschen Nationalbibliografie; detaillierte bibliografische
Daten sind im Internet über http://dnb.dnb.de abrufbar.

Titelbild:
Inhaber der Urheberrechte
Georg Grainer Fotografie
www.grainer.photo

Inhaltsverzeichnis

1. VORWORT

Die folgenden Autismen sind seit 1994 entstanden.
Von 1996 – 1999 habe ich diese bereits in kleinen
Heften mit kleiner Auflage für Freunde publiziert.
Hier finden sich nun sowohl eine Auswahl der
alten als auch neue Autismen.

2. "ES SIND SCHON KOMISCHE TIERE, DIE MENSCHEN"
B. EINHART 1996

Solange ich meinen
Tisch über Deine Füße
stelle, machst Du
gefälligst, was ich sage!

Mit wem man nicht reden
kann, mit dem muss man
schweigen.

Der von Sozial- und
anderen Pädagogen
am häufigsten besuchte
Work-Shop ist doch letztlich
das Arbeitsamt.

Die Macht des Menschen
zeigt sich in dem vielen,
was er zerstören,
seine Ohnmacht darin,
wie wenig er aufbauen
kann.

Die drei Grundprinzipien
der Pädagogik:
1. Erpressung
2. Bestechung
3. Nötigung

"Du sollst es einmal besser
haben" heißt häufig doch nur:
"Du musst es einmal besser
haben, und zwar nach
meinen Vorstellungen" und
nicht "Du darfst es besser
haben nach Deinen
Vorstellungen".

Manchmal mag man sich
wundern, wie es Menschen
ertragen, dass ihnen die
Scheiße bis zum Hals steht.
Aber Scheiße ist warm und weich.
So werden sie sich zwar
manchmal beklagen, wenn
ihnen der Gestank zu sehr
in die Nase steigt oder eine
Welle ins Gesicht schwappt,
aber sie wollen letztlich nicht
aus der Geborgenheit der
Scheiße hinaus.
Lieber kriechen sie auf dem
Bauch wie Gewürm, anstatt
sich zu erheben als Menschen.

Wer die Vernunft hat,
wahr und falsch,
gut und böse zu unterscheiden;
Wer die Freiheit hat,
sich für das eine oder andere
zu entscheiden;
Wen die Liebe umgibt,
aus der er die Kraft schöpfen
kann, das Gute und Wahre
zu wählen;
Und sich doch nicht dafür
entscheidet, der verdient nicht
Mitleid, sondern Verachtung.

Über keinen weiß man
so viel wie über sich selber.
Keinen haut man so gut
über´s Ohr wie sich selber.
Keiner steht einem so im Weg
wie man sich selber.
Und keinem verzeiht man
so schwer wie sich selber!

Das Leben ist ein
täglicher Kampf
um psychische Gesundheit,
den man nur allzu
leicht verlieren kann.
Achte die Kämpfe
der anderen!

Im Zeichen des Bambi:
In der Kindheit hat er zu viel
Bambi gesehen, in der
Pubertät Hesse gelesen,
hat sich dann doch nicht
das Leben genommen,
ist zum Bhagwan gepilgert
- oder wollte es zumindest -,
und sitzt heute mit Frau
und Kindern als esoterisch
angehauchter Öko-Bourgeois
im Reihenhaus vorm
recyclebaren Fernseher.

Sich auf Buddhismus,
Hopi-Indianer usw.
zu stürzen heißt, nur
den Rahm haben zu
wollen. Bei der eigenen
Denktradition muss man
auch die Milch, die Kuh
und den Misthaufen
akzeptieren.

Gut sein heißt vor allem
gut bleiben.
Besser zu werden ist ein
ganz anderes Problem.

3. "1CHNEIDENDE 2FEL"
B. EINHART 1997

Anerkennend gewahrt man das
Bemühen, allein es fehlt die Kunst.

Es heißt nicht mehr
Liberté, fraternité, égalité,
sondern nur noch
Kohlé, Kohlé, Kohlé!

Gute Freunde muten einem etwas zu.
Das ist eine Zumutung.

Wie verachtenswert ist die Haltung
des "ich krieche hier, ich will nicht
anders", des "ich tu Dir nichts, tu
du mir auch nichts".
Das Schlechte und Böse ist in
der All-gemein-heit.

Absonderlich ist es, dass immer
mehr Eltern der Überzeugung
sind, ein Kind anzulügen würde
der Seele weniger Schaden zufügen
als ein Klaps auf den Po.

Den ganzen Stress
- für das bisschen Ficken?

Früher war alles einfacher,
da war ein Herr noch ein Herr und
ein Knecht noch ein Knecht.
Man konnte Revolutionen anzetteln,
den König köpfen, streiken und den
Manufakturenbesitzer vertreiben.
Heute sitzen die Schweinehunde
in unserem Inneren, wir haben sie
"internalisiert".

Die Leidensfähigkeit der Menschen
ist oft größer als die Kunst,
Glück zu ertragen,
weswegen sie eher das Schlechte
als das Gute wählen.

Eros ist der, der dich schon
einige Male zu dir gerufen
hat. Der dich gerufen hat,
zu dir zu finden und über
dich hinauszusteigen und
dessen Ruf du nicht gefolgt bist.
Der Ruf des Todes, wie im
"Jedermann", kommt später.
Vor diesem kann man nicht
fliehen.

Die Begleiter des Eros sind
das Licht und die Wärme,
aber auch die Wahrheit.
Deshalb fühlen sich die
Menschen von ihm genauso
angezogen wie abgestoßen.

Es fällt einfach schwer
seinen Weg zu gehen,
ohne manchmal weg zu gehen.

Kein Prinzip und
keine Hoffnung.
Nihilismus und Depression.
Einsamkeit, Ohnmacht,
Angst und Schuld.
Tierliebe ist der verständliche
Wunsch nach evolutionärer
Regression.

Selbst Bill Gates wird es
nicht schaffen,
dem Sensenmann seine
Sense ab zu kaufen.

Die vollkommene Schönheit
ist die mit kleinen Makeln
behaftete.

Weil die Würde des Menschen
angeblich unantastbar ist,
wundere ich mich umso mehr,
sehe ich so manchen
Roller-Blader, Mountain-Biker
oder die Hausfrauen-Bauchtanzgruppe,
wie bereitwillig sich die Menschen
ihrer eigenen Würde berauben.

Die wichtigste Unterscheidung
in der Liebe, und nicht nur dort,
ist die zwischen "sich hingeben"
und "sich wegschmeißen".

Gefangen bleiben wir in der Rolle
des Kreters, der behauptet,
dass alle Kreter lügen.
Die Rückbezüglichkeit spielt ihr
übles Spiel mit uns.

Wir sind zwar langsam,
aber dafür teuer und schlecht.

Wenn das Mehl bitter ist,
sind die Mäuse sauer.

Iss, damit du groß und
stark wirst.
Klein und dick bist
du ja schon.

Sich abzuwenden von der Rationalität
und sie verächtlich zu machen ist
vergleichbar mit einem Höhlenbewohner,
der seine einzige Kerze ausbläst, weil
er sich an ihr verbrannt hat.

Vom Endpunkt zurückzugehen
taugt für ein Labyrinth auf der
Rätselseite, nicht aber für
Psychologie und Sozialpädagogik.
Man übersieht dabei die
Stellen, an denen sich der Weg
verzweigte, man sich anders hätte
entscheiden können. Dies führt zu
der falschen Annahme einer
Zwangsläufigkeit der Fehlentwicklung.
Neben dem "weil" gibt es aber immer
auch ein "obwohl".

Wohl nie wird der menschliche Geist
frei und ohne Stützen und Krücken
stehen. Aber sich selber die Beine
der Rationalität zu amputieren,
um mit den Krücken des Aberglaubens
besser laufen zu können, ist das
Verachtenswerte an der
Esoterik-Bewegung.

4. "KEIN PRINZIP UND KEINE HOFFNUNG" B. EINHART 1999

Ungeduld und Trägheit
sind uns verfeindete
Geschwister.
Die Ungeduld lässt uns zu früh
das Falsche tun,
die Trägheit zu spät
das Richtige.

Nicht der Zweck heiligt
unsere Mittel,
sondern allein unsere Schwäche.
Ein guter Zweck ist genauso
mit guten Mitteln zu erreichen,
wie eine richtige Entscheidung
mit guten Argumenten zu
begründen ist.

Ständige Selbsterniedrigung
und Selbstaufopferung
sind die schlimmsten Formen
des Hochmuts.

Kaum ein Irrtum wirkt
verheerender als der,
es könne Menschen zu
gut gehen.
Nein, sie können nur zu
träge und feige sein.
Armut ist kein Wert an sich.

Es ist Mode geworden,
zu zweifeln.
Mit dem Zweifel entfernt
man die unbequemen
Wahrheiten. Und wenn
dann der Zweifel selber
unangenehm wird, findet
man schnell einfache
Überzeugungen.

Nicht die Probleme eines
Menschen verdienen
Bewunderung,
sondern allein der mutige
Umgang mit ihnen.

Wie die Kerze dem Lampion
seinen Glanz und Schönheit
verleiht, so die Seele dem
Körper des Menschen.

Eine besondere Zuneigung
hege ich für Münchhausen.
Nach dem Verlust eines
festen Punktes außerhalb
von uns bleibt nichts anderes,
als uns immer wieder an den
eigenen Haaren aus dem Sumpf
zu ziehen.

Zeit heilt vielleicht
manche Wunde, aber
niemals irgendwelchen
Wahnsinn.

Die Menschen sind heute
nicht verrückter als
vorherige Generationen,
sie haben nur mehr Zeit
ihren Wahnsinn zur Blüte
zu bringen.

Verzeih´ ihnen, Herr,
denn sie wissen, was
sie tun.

Der kleine Narr tut das Gute
in der Hoffnung auf Belohnung,
der große in dem Wissen, dass
diese bestenfalls aus einem
Tritt ins Gesäß besteht.

In seinen schwachen
Momenten sehnt sich
der Schäferhund nach
der Geborgenheit und
Wärme der Schafherde.
In seinen starken Stunden
verachtet er deren
stinkige Enge.
Oder ist es anders herum?

Das verirrte Schaf
vergisst seine Angst
vor dem Schäferhund,
solange die Furcht vor
den Wölfen überwiegt.
Zurück bei der Herde
blökt es gemeinsam
mit den anderen wider
den Retter.

Wie leicht fällt es,
das ein oder andere
Mal gegen die
Ungerechtigkeit
anderer vorzugehen.
Wie schwer fällt
dagegen der beständige
Kampf gegen eigene
Selbstgerechtigkeit.

Zu der Gleichung einer
Existenz, die weit außerhalb
ihres Verstehens liegt,
addieren die Menschen
gerne ein paar Probleme hinzu.
Die Gleichung wird dadurch
zwar leicht lösbar,
aber das Ergebnis falsch.

"Angriff ist die
beste Verteidigung"
sagte er und überfiel
den Irrsinn.

... und waren einander
ihre gerechte Strafe.

Es ist erstaunlich
und beruhigend zugleich,
wie viele Steppenwölfe
auf einmal blöken
und nach Schaf stinken.

Die Wahrheit sucht
sich ihren Weg wie das Wasser,
mal ruhig als Bächlein
dahinfließend, mal im
tosenden Gereisse des
Wasserfalls, dann wiederum
versickert unterirdisch
weiterfließend, um an
anderer Stelle sprudelnd
hervorzuquellen.

Der Irrtum, wir seinen
für die Wahrheit da
und nicht etwa diese
für uns, entsteht wohl
in der Pubertät, geht
aber nicht unbedingt
mit ihr zu Ende und hält
sich bei den Philosophen
am längsten.

Es kann genauso viel
Überwindung kosten
zu genießen,
wie auf Genuss zu
verzichten.

Mich faszinieren
besonders die
Formen kollektiver
Individualität.

Wie verachtenswert
sind die vermeintlichen
Geburtshelfer der Wahrheit,
die mittels Zange nur
Kadaver ans Licht zerren.
Die lebendige Wahrheit
dagegen gebiert sich selber.

Gegen die Unbilden
der Welt und
Mitmenschen gibt
es keinen Schutz
für die Seele,
der nicht zugleich
auch Kerker wäre
für diese.

Schlechte Händler
waren die Generationen,
die "Lebensart" gegen
"Lifestyle" und "Verehrer"
gegen "Lover" eingetauscht
haben.

Komplimente sind
Bindeglieder
zwischen
Wahrheit
und
Lüge.

Was zur Ausnahme taugt,
taugt noch lange nicht
zur Regel.

Wie beneide ich Cyrano
de Bergerac darum,
dass er in der Illusion
leben konnte, es läge
alles nur an seiner
großen
Nase.

Die erhabene Stärke
verbindet die Stärke
des Starken mit der
Stärke des Schwachen.
Und die Stärke des
Starken ist seine Stärke
und die Stärke des
Schwachen ist seine
Schwäche.

Die finstersten Momente
sind die, in denen das
Mitleid versiegt und
allein übrigbleibt
die Verachtung für das
miese Spiel kleiner
Seelen.

5. **"STEINE - FÜR STOLPERNDE,**
ANSTÖSSIGE UND WEISE"
B. EINHART 1999

Kreativ sind die Menschen
häufig nur beim
Ersinnen neuer Torheiten.

Eine weiche Wahrheit gibt
es zum Glück genauso wenig
wie weiche Ziegel.

Sie nennen es Liebe und Freiheit,
wenn sie eine Mauer ihrer Zelle
durchbrechen - um eine Doppel-
zelle draus zu machen,
anschließend sich in Form von
Nachwuchs zu Haftverlängerung
mit gleichzeitiger Haftverschärfung
verurteilen und
dann folgerichtig ihr eigenes
Gefängnis bauen.

Er wusste um seine Stärke,
nicht weil er sie aus Eitelkeit
erforscht hätte, sondern weil
er wissen wollte, warum die
Menschen ihn fürchten.

Wenn er nur laut genug rief,
hörte er sein Echo.
Allein was ihm fehlte war
die Ansprache eines anderen
Menschen.

Es gibt im Leben keine absolute
Freiheit, nur einen "offenen Vollzug".
Aber die Menschen fürchten den
Freigang mehr als dass sie ihn nutzen.

Durch die Negation der Selbst-
verantwortung sind die Menschen
nicht mehr Herr im eigenen Haus.
Die Introspektion und Selbst-
reflexion macht sie nur noch zu
außenstehenden Beobachtern eines
fremden "Etwas", das in ihnen und
mit ihnen etwas macht, was sie
dann so ein Stück weit betroffen
macht.

Früher hat man die "Hexen"
vor die Wahl gestellt zu ertrinken
oder verbrannt zu werden.
Heute geben die Menschen
sich selbst keine Chance.

Die machen den meisten Wind,
die den ersten Sturm nicht
überstehen.

Der Mut, den man braucht,
um einen Fehler zu begehen,
ist weitaus geringer als der,
diesen dann zuzugeben.

Nichts ist beneidenswerter
als ein solider Grundirrtum,
auf den man seine weiteren
Irrtümer aufbauen kann.

Die Negativ-Erlebnisse
beschneiden den
Lebensbaum, dass der
Stamm und die Äste
kräftig werden und er
reiche Früchte trägt.
Manchmal geht er auch
einfach nur ein.

Mein Gott, mein Gott,
warum habe ich mich
verlassen?

Der Klügere gibt nur dann
nach, wenn es klüger ist
nachzugeben.
Immer nachzugeben ist
Torheit.

Vergib deinen Feinden,
denn mehr als sie sich selber hassen
kannst du sie nicht hassen,
Vergib ihnen,
denn mehr als sie sich selber
verachten,
kannst du sie nicht verachten.
Verzeih ihnen und habe Mitleid,
denn so hart und ungerecht wie
gegen sich selber, können sie gegen
dich nicht sein.

Selbstbewusst ist man, wenn
man sich selber toll findet.
Arrogant dagegen, wenn man
meint, alle anderen müssten
diese Meinung teilen.

Der Unterschied zwischen rational
und irrational ist belanglos.
Beide gehören untrennbar zum
Menschen und dieser hat nur die
Wahl, sie zur Selbstverwirklichung
oder Selbstzerstörung zu nutzen.

Es erstaunt mich immer
wieder, mit welcher Energie
Menschen an gescheiterten
Beziehungen festhalten und
wie leichtfertig sie die
fruchtbaren beenden.

Diese plakative Sensibilität
in Verbindung mit einem
Alleinvertretungsanspruch
für Probleme ist nur schlecht
getarnter Egozentrismus.

Vor die Wahl zwischen einer
60/40-Chance und einem
100% Verlust gestellt lässt
der Wunsch nach einer
vermeintlichen Sicherheit
die Menschen sich für
letzteres Entscheiden.

Um erwachsen zu werden,
muss man Fehler machen.
Aber man kann diese auch
begehen und darüber nur
alt werden.

Das einzige, was man seinen
Eltern vorwerfen kann ist,
dass man sich selber vorwerfen
muss ihnen ähnlich zu sein.

Wer auf dem Boden liegt
muss sich nicht wundern,
wenn man auf ihn drauf tritt.
Da hilft kein Jammern,
sondern nur Aufstehen.

Der Mensch ist Maß und Mitte
seiner Welt. Er wird immer
Menschen finden, die ihn loben,
und solche, die ihn tadeln, solche,
die ihn lieben und auch welche,
die ihn hassen.
Wem er glaubt, an wem er sich
orientiert, ist einzig und allein
seine Entscheidung.

Am geizigsten sei man
mit der Wahrheit und
behalte sie nach Möglichkeit
für sich.

Die Menschen holen sich
bei der Klugheit Kraft,
um sich mit neuer Energie
in die nächste Torheit
zu stürzen.

Meine Dummheit baut mir
häufig Fallen, die nur durch
die Dummheit der anderen
nicht zuschnappen.

Man darf den Menschen
nicht vorwerfen, dass ihnen
in einer durch Unvernunft
erzeugten Krise die Vernunft
fehlt, aus dieser wieder heraus
zu kommen.

Viele Menschen macht erst
der Blick auf ihr Ende klug.
Aber wie ein Kurzsichtiger
sehen sie es erst, wenn sie
direkt davor stehen.

6. AUTISMEN 2014

So vieler Worte bedurfte es,
dem Kaiser seine neuen
Kleider zu verkaufen.
Der Wahrheit dagegen
genügten vier:
Der Kaiser ist
nackt.

Zu behaupten, dass die Summe
der Einzelinteressen das
Gemeinwohl (bonum commune)
ergibt, ist der größte Fehler
unserer Demokratie.
Ist es Unfähigkeit,
Fahrlässigkeit oder
Vorsatz?

Wählen würde ich eine
Partei, die sich zur Aufgabe
gesetzt hat, die vergessenen
Ideen von Hybris,
Enantiodromie und
Pantragismus wieder
zu beleben.

Die perfekte Form der
kapitalistischen Ausbeutung
ist das Erneuerbare-Energien-Gesetz.
Unter vermeintlich hehren Zielen
verschiebt es viel Geld
von Arm nach Reich
und gibt den Bürgern ein paar Krümel
vom riesigen Kuchen, so dass
diese nicht merken, dass sie mehr
zahlen als erhalten.

Eine schlimme und
leider zugleich häufige
Form menschlicher
Kooperation ist die
"Allianz der Loser".

Mit Träumereien verhält
es sich wie mit Spülmittel
in der Spülmaschine.
Zu wenig, und das
Ergebnis ist unbefriedigend.
Zuviel ... und es schäumt
über und gibt eine
riesige Sauerei.

Heute ist der
Gesang der Sirenen
gewichen dem
Versprechen
einer hohen
Rendite.

Wo der Irrsinn einmal Fuß gefasst …
da kennt er keine Grenzen!

Was Esoteriker gerne übersehen:
Wenn alle Schamanen sind,
dann ist keiner Schamane.
Wenn alle Heiler sind,
dann gibt es keine Kranken
zum Heilen mehr.

Leider haben häufig gerade
die intellektuellen Tiefflieger
die kommunikative Lufthoheit.

Fernsehen ist Leben-surrogat-extrakt.

Erstaunlich tüchtige Baumeister sind
die Menschen, wenn es darum geht,
die eigene Hölle zu errichten.

Ein Priester, der die frohe Botschaft
nicht lebt, ist wie ein Analphabet, der
sich als Deutschlehrer versucht.

In dem, was du tust, machst du mich
unglücklich.
In dem, dass du bist, machst du mich
glücklich.

Ihr Leben war mit Abenteuerurlauben
garnierte Langeweile.

Die wichtigsten philosophischen
Werke sollte man irgendwo
zwischen Pornos verstecken,
um die Jugend auch dafür
zu interessieren.

Gieße den Menschen mit Macht
und Geld.
Erst dann wirst du merken,
welche Früchte er trägt.

Ach, was schwätzte ich über
bedingungslose Liebe.
Doch als ich ihr teilhaftig wurde,
da versagten sich mir meine
Worte.

Kultur führt dazu, dass wir
die Erbauer einer großen
"Skinner-Box" und zugleich
die verrückten Tauben darin sind.

Arroganz und Dummheit gehen
häufig Hand in Hand.
Eng umschlungen
wie ein Liebespaar.

Statt nach Glaube, Liebe und Hoffnung
streben wir nach Geld, Macht und Sex.
Als Ergebnis erhalten wir
Einsamkeit, Ohnmacht, Angst und Schuld.
Ob Klugheit, Gerechtigkeit, Tapferkeit und Maß
dagegen helfen?

Warum wissen wir soviel mehr über Sonne, Mond und
Sterne, als über die Tiefsee?
Ist es nur die Helligkeit wie in dem Witz des Betrunke-
nen, der seinen verlorenen Schlüssel unter einer Laterne
sucht, obwohl er diesen im Dunkln verloren hat?
Oder ist es die Angst, die uns treibt?

Die Moralphilosophie ist schein-lebend.
Entstanden ist sie zu einer Zeit, als die Probleme unserer
Zeit nicht im Ansatz sichtbar waren.
Was nützt das ganze Raisonieren, wenn wir uns derweil
den Ast absägen, auf dem wir sitzen?

Was zur Ausnahme taugt,
taugt noch lange nicht zur Regel.
Moralisches Handeln ist aber handeln in einer Ausnahme-
situation, ist Maximalforderung.
Moral als Theorie heißt, anderen kluge Ratschläge für
„moralisches Handeln" zu geben, anstatt sich selber um
entsprechendes Handeln zu kümmern.
Für das Zusammenleben ist alleine das Rechtssystem als
Minimalkonsens tragfähig.

Das Problem der Informationsreduktion
-   in der Wissenschaft ist nicht, dass Information
    verloren geht, sondern dass das Wissen um den
    Informationsverlust verloren geht. Die „kastrierte
    Wahrheit" wird zur Wahrheit.
-   in der Philosophie im allgemeinen und der Ethik
    im besonderen dagegen geht genau das
    Individuelle, Menschliche verloren!

Unverhältnismäßigkeit
woher kommt diese in der „Moral"?
Warum sind Menschen bereit Menschen zu töten, weil
diese Tiere gequält haben?
Mangelnde Identifikation mit der eigenen Spezies?

Vernunft und Freiheit sind Tätigkeitsvermögen (Th.v. Aquin)
Doch die Freiheit wird uns heute geschenkt ... und wir können sie einfach ohne Vernunft nutzen.

Erregung ist viel leichter denkbar als Hemmung (Inhibition) – dies behindert das Verständnis des Gehirns und seiner Funktion immens.

Dynamik ist kaum denkbar. Der Mensch denkt statisch, weil sich über hunderttausende von Jahren die Umgebung so langsam geändert hat, dass sie als statisch wahrgenommen wurde.

Aber dies führt einen heutzutage in die Irre.

Als Beispiel kann hier die Werbung für besonders gute Zahnbürsten dienen. Doch diese sind nur die ersten Tage der Nutzung besser. Mit jedem Tag der Nutzung gleichen sie sich den vermeintlich schlechteren Zahnbürsten an. Eine „normale" Zahnbürste, wöchentlich gewechselt, hat mit Sicherheit ein besseres Reinigungsergebnis als eine „medizinisch geprüft bessere" Zahnbürste, die über Wochen genutzt wird.

Zusätzlich zur Dynamik, der Veränderung kommt aber noch eine Richtung hinzu. Diese weist im Leben unumkehrbar. Auf dem Ignorieren dieser Richtung (von der Geburt in das Leben hinein und dann Richtung Tod aus dem Leben hinaus) beruht der Irrtum z.B. eines Peter Singer, der die Euthanasie bei Neu-/Ungeborenen mit der bei Sterbenden gleich setzt.

Richtung kommt durch Entropie. D.h., dass es immer von alleine dreckig aber nie von alleine sauber wird.

Es bedeutet, dass man immer wieder Energie aufwenden muss, um Erkenntnisse im Bewusstsein der Menschen zu halten. Rechte müssen genutzt werden, damit sie nicht erodieren.

Falsifizierbarkeit
ist eine Voraussetzung für wissenschaftliche Hypothesen.
Sie ist notwendig, aber nicht hinreichend. Sie sagt nur,
dass sich die Beschäftigung überhaupt lohnen KANN.

Reproduzierbarkeit und Validität
Als Teil der Validität sollte ein Messinstrument reproduzierbare Ergebnisse liefern. Aber wenn ein Messinstrument reproduzierbare Ergebnisse liefert, dann heißt es noch lange nicht, dass es auch valide ist.
Außer bei Baron-Cohen, der Empathie als das definiert, was sein Test misst.
So erreicht man dann natürlich eine 100% Validität.

Unscharfe Randbereiche
bedeuten nicht, dass das Konzept falsch ist.
Bloß weil ein paar wenige Promille der Menschen nicht
wissen, ob sie Mann oder Frau sind, d.h. die Randbereiche unscharf sind, heißt dass nicht dass es keinen
Unterschied zwischen Männern und Frauen gibt. 99,9...%
der Menschen wissen, ob sie Mann oder Frau sind.
Aber dieser biologische, hormonelle Unterschied, den zu
leugnen schon an Irrsinn grenzt, rechtfertigt natürlich
keine Ungleichbehandlung, ungleiche Rechte etc.

Die Sozialwissenschaften sind wie Teenager, die die gleichen Rechte wie die „harten Wissenschaften" beanspru-
chen, ohne aber deren Verpflichtungen/Regeln überneh-
men zu wollen.

Das spannende ist, dass insbesondere die „harten Wissen-
schaften" um die „known unknowns" wissen.
In der Physik sogar, dass mindestens 90% des
Universums uns vollkommen unbekannt sind.
Und dazu kommen noch die „unknown unknowns".

Die Falsifizierbarkeit hat zwei Konsequenzen:

1.) dass jede wissenschaftliche Theorie schon vom ersten Moment an als letztlich falsch gelten sollte.

2.) dass trotzdem jede wissenschaftliche Theorie temporär verifizierbar sein muss.

Dies ist ein spannender Widerspruch, an dem die meisten scheitern.

Sprache
ist nicht nur Mittel zur Verständigung, sondern auch zur Abgrenzung!
Alle Dialekte dienen letztlich der Abgrenzung.

Empathie
hat in verschiedenen Kontexten verschiedene Bedeutungen. Baron-Cohen vermischt einfach die Kontexte und Bedeutungen.

Wittgensteins „worüber man nicht reden kann, darüber muss man schweigen"
muss ergänzt werden um ein „mit wem man nicht reden kann, mit dem muss man schweigen".

Der Grundfehler in der Forschung über Autismus ist,
dass man ALLEINE den quantitativen, statistischen
gewählt hat.
Als Symptom wird nur erfasst, was man messen kann mit
einem entsprechenden Signifikanzniveau.

Wissenschaft muss unterteilen um zu verstehen, tut dies
jedoch ohne Wertung.
Alles in einen Topf zu werfen verhindert Erkenntnis.
Nicht die Trennung muss verhindert werden, sondern die
Wertung.

Durch den Dialog können wir uns entwickeln, Einsichten
gewinnen.
Im Dialog reifen Wissen und Erfahrung zusammen zur
Erkenntnis.

Die heutigen Gruppen in „zivilisierten" Gesellschaften definieren sich als die Jungen, Schönen, Reichen und Gesunden. Und so grenzt man sich von den Armen, Kranken und Alten ab, ignoriert sie, grenzt sie aus.

Grundlage der Gesellschaft: Mutual abuse, gegenseitiger Mißbrauch ist „Des Kaisers neue Kleider" hoch X.
Jeder ist zugleich Schneider, König, Bürger und Hofschranze. Auf verschiedenen Ebenen in verschiedenen Gruppen.

MODErne

Der Mensch ist mehr als die Summe seiner Teile.
Das „bonum commune" ist eben nicht einfach die Summe der Einzelinteressen.

7. 2016 / 2017

Wir kennen zwar die Lösung …
sind aber viel lieber Teil des Problems.

Wird der Acker der Wissenschaft
nicht gemäß der Regeln
der Wissenschaft bestellt, dann wächst
auf diesem nicht
Erkenntnis sondern Scharlatanerie!

Manche Menschen umarmen uns – ohne uns zu berühren.
Andere wiederum berühren uns – ohne uns zu umarmen.

8. 2018 / 2019

Wäre ich Gesetzgeber,
mir genügte ein Gesetz.
Ich würde einfach die
Dummheit verbieten.

Wenn jemand etwas lange macht,
dann bedeutet das noch lange nicht,
dass er es auch gut macht!

Gier ist wohl die zerstörerischste
Form der Unfähigkeit, mit Geld umzugehen.

Vermeintliche Lösungen, die ersonnen wurden
innerhalb einer Kultur, die überhaupt erst
das Problem geschaffen hat,
sind notwendiger Weise Teil dieser Kultur,
und damit des Problems.

Warum kann eigentlich nicht
das ganze Jahr Fasching sein?
Dann wüsste man wenigstens
immer schon im voraus,
dass man es mit Narren zu tun hat.

"Narzissten lassen sich nicht nur aus Kulissen
ganze Dörfer bauen, sie ziehen in diese sogar ein.
Um sich anschließend zu beschweren, dass es nass,
kalt und windig ist."
Potemkin an Freud

"Erwarte nicht, dass jemand den Winter weiterhin
mag, wenn Du ihn hast im Winter hängen lassen."
Robespierre

Früher waren "arme Ritter" etwas zu essen.
Heute sind es grimmig blickende, garstige Männer
in Papageien-Funktionswäsche auf Fahrrädern.

9. SPRÜCHE ZU ZEITEN VON COVID-19

Ein prinzipielles Problem von Demokratien ist,
dass diese niemals so perfekt sein können wie Diktaturen.

Der westliche Rationalismus beruht auf einem
unberechtigten und unreflektierten Rückschluss.
Aus Descartes' "Ich denke, also bin ich", machte man
ungerechtfertigt ein "Ich bin, also denke ich".

Etliche Jahrhunderte eher hätte man
zuverlässige Erkenntnisse über die Physiologie – auch
des Menschen – erhalten können, hätte man nicht die
Philosophen, sondern die Metzger gefragt.

Wenn Trump so weiter macht, dann werden demnächst
die Mexikaner eine Mauer an der Grenze zu den USA
fordern.

Mit Blick auf die USA finde ich es schon erstaunlich, dass genau die Menschen nach Freiheit schreien, denen man auf den Becher schreiben muss, dass der Kaffee darin heiß ist, und auf die Microwelle, dass man darin keine Haustiere trocknet ...
Leider entwickeln wir uns anscheinend in die gleiche Richtung.

Beispiel für eine Bedeutungsverschiebung:
Seit 1989 bedeutet "Wir sind das Volk"
nun "Doof und auch noch stolz darauf".

Nicht jeder Abweichler ist ein Dummkopf.
Aber viele Dummköpfe nennen sich Abweichler.

Der Kluge ist vergleichbar mit einem Leuchtturm. Meistens steht er alleine, und wird dann besonders gebraucht, wenn es dunkel und stürmisch ist.

Die u.a. den Regionalgeldern zugrunde liegende
Geldtheorie war, dass der Zins die Gier der Menschen
erschaffen hat. Dann wurde der Zins abgeschafft –
und die Gier ist geblieben.

Man kann immer nur so argumentieren,
dass es verstanden werden kann, aber niemals so,
dass es verstanden werden muss.

Die angeblich geheime Weltregierung,
vor der Verschwörungsschwurbler immer warnen,
gibt es doch schon lange.
Und auch ihr Name ist bekannt:
Dummheit.

So wie unsere Rechtsprechung auf der Fiktion der Willensfreiheit beruht, so die Demokratie auf der Fiktion des vernünftigen Menschen.
Das ist solange kein Problem, wie aus den Fiktionen kein Dogma gemacht wird.
Denn wie Vaihinger zeigt, kann man auch mit falschen Annahmen gute Ergebnisse erzielen.

Verschwörungstheorien mangelt es prinzipiell an zwei Dingen: Kreativität und Humor.
Denn diese setzen die Auseinandersetzung mit der Wirklichkeit voraus, die mittels der Verschwörungs-theorien ja vermieden werden soll.

Kritisches Denken ist kein Mannschaftssport, sondern vergleichbar einem Triathlon.
Man kämpft nicht nur gegen die Zeit und die Vorurteile der anderen, sondern auch gegen die eigenen.
Ja, man selber ist sich sein größter Gegner.
Es benötigt Training und Ausdauer, und fordert einen hohen Preis.
Aber man kann sich natürlich als Gruppe kognitiver couch potatoes beim "Ironman der Vernunft" anmelden ... wird aber nicht weit kommen.
Zum Radau machen reicht es aber natürlich leicht.

Und auch wenn ein Hofnarr eine wichtige Funktion hat,
so sollte man ihn trotzdem nicht regieren lassen.

Ich rege mich nicht mehr auf über die
Rundfunkgebühren.
Der GEZ-Beitrag hat doch mittlerweile eine ähnliche
Funktion wie ein Los der Aktion Mensch.
Nur dass man bei der GEZ halt nichts gewinnen kann.

Die Demokratie wurde in einer Zeit erfunden, als die
Sklaven die Arbeit verrichtet und die wohlhabenden Her-
ren während dessen große Reden geschwungen haben.
Daran hat sich vom Prinzip her bis heute nichts geändert.

Sieht man, wie Tiere in der Brunft ihre Vorsicht verlieren,
sollte man der Spezies Mensch,
die das ganze Jahr brünftig ist, nicht allzu sehr vertrauen.

Wer folgt eigentlich wem?
Der Follower dem Influencer - oder umgekehrt?

Follower = einer mehr,
für den man sich zum Affen macht.

Die Krise der zeitgenössischen Pädagogik zeigt sich
daran, dass Eltern mit ihren Kinder umgehen wie
Influencer mit ihren Followern. Und das schon lange vor
Erfindung von Facebook, Twitter und Instagram.

Zu glauben, dass man innovativ und im alleinigen Besitz der Wahrheit ist, ist sehr einfach – wenn man nur die Augen fest genug verschließt.

Viele Kulturen sind nicht untergegangen, weil sie von vermeintlichen "Barbaren" angegriffen wurden, sondern weil ihre Reaktion auf den Angriff vermeintlich klug, aber eigentlich dumm und selbstzerstörerisch war - das Ressourcen vernichtende Bauen von Mauern und Wällen.

Wer Philosophen zum Tode verurteilt, muss sich nicht wundern, wenn dann die geeigneten Mittel im Kampf gegen die Dummheit fehlen.

Damit Neues wächst, reicht es nicht, den Acker umzupflügen. Das ist der Grundirrtum von Revolutionen.

Wir werden die Vernunft nur bewahren,
wenn wir den Glauben an sie verlieren.

Bei allem Bemühen der Informatiker, und bei aller
zukünftigen Rechenleistung der Computer,
so werden Übersetzungsprogramme trotzdem nie zu
wirklich befriedigenden Ergebnissen führen.
Denn Computern fehlt die Muttersprache. Sie können nur
von Fremdsprache zu Fremdsprache übersetzen.

Die technische Innovationen sind nicht das Problem, wie
vielfach prophezeit, sondern der daraus resultierende
Verlust gesellschaftlicher Traditionen. Kultur ist das
Wechselspiel aus Tradition und Innovation.
Gehen die Traditionen aufgrund zu schneller und
weitreicher Innovationen verloren, dann auch die Kultur.

Ich wäre schon ein guter Kabarettist –
allein das passende Publikum würde mir fehlen.

Aiwanger ist die Reinkarnation von Stoiber – obwohl der
noch lebt. Sowas geht nur in Bayern.

Ich bin gar kein Autist –
ich habe nur sehr früh mit "social distancing" begonnen.

Die Schafe werden nicht Schafe,
weil der Schäfer das will.

Sehr erfolgreich hatte er aus der Not
eine Untugend gemacht.

Lasst uns tanzen auf der Titanic.
Nicht aufgrund von Ignoranz –
sondern aus Einsicht in die Unausweichlichkeit.

Wer auf kleinlichster Einhaltung von Rechtschreibung
und Grammatik pocht, ist bei seinen Studien zu Funktion,
Entwicklung und Wahrnehmung von Sprache und Schrift
über den Duden nicht hinaus gekommen.

Wer auch immer in die Welt gesetzt hat,
dass es keine dummen Fragen gibt,
hat damit zugleich auch die Talk-Shows erschaffen.

Das frühere "mangelhaft"
wird heute korrekt so ausgedrückt:
"Eine interessante Arbeit mit maximalem
Optimierungspotenzial"

Kein anderer Bereich ist so dog-matisch
wie die Hundeerziehung.

Es ist das größte Versäumis von Milgram,
nicht auch Wissenschaftler bezüglich ihres Gehorsams
gegenüber vermeintlich wissenschaftlichen Autoritäten
zu überprüfen.

„Ich denke, also bin ich" kann und muss
nur jemand formulieren, der einen vollen Bauch,
eine warme Stube und ein weiches Bett hat.

10. GEISTIGER ÜBERLAUF

Das frühere "mangelhaft" wird heute korrekt so
ausgedrückt:
"Eine interessante Arbeit mit maximalem
Optimierungspotenzial"

Aus "Ich denke, also bin ich" folgt bei weitem nicht, dass
wer is(s)t, auch denkt!

Um die Sicherheit im Flugverkehr zu erhöhen, muss sich
ab sofort in jedem Fluggerät mindestens ein Meister be-
finden. Denn es ist ja noch kein Meister vom Himmel ge-
fallen.

Es ist die Ambivalenz der Erkenntnis, dass man sich
darüber freuen kann, WEIL man erkennt was läuft.
Und gleichzeitig erschreckt, weil man erkennt WAS läuft.

Ich werde einen EU-Heimtierausweis für mich besorgen
und für mich Hundesteuer bezahlen. Dann kann ich mich
im Falle eines Zusammenbrechens des Gesundheitssys-
tems wenigstens von einem Tierarzt behandeln lassen.

Mit der Freiheit verhält es sich wie mit einem Raubtier.
Je mehr sie wächst, umso gefährlicher wird sie. Deshalb
sollte man sich die Freiheit auch nicht als Haustier halten.

Den Spinner vom Nicht-Spinner kann man häufig
dadurch unterscheiden, dass der Nicht-Spinner Neues
erdenkt. Die Themen der psychisch Kranken dagegen
sind sehr starr und wiederholen sich beständig.
Ein Kongress für Jesus-Reinkarnationen hätte ein poten-
ziell sehr großes Zielpublikum.
Nur die Vorstellung aller, die einzig wahre Reinkarnation
zu sein, verhindert den Erfolg.

Warum ich Single bin? Bei "Elitepartner" wollen sie mich nicht. Und "Resterampe" gibt es noch nicht.

Ich mag diese Hundetrainer-Sendungen. Man lernt so viel über das Verhalten von domestizierten Rudeltieren.
Und auch ein wenig über Hunde.

Werde ich nach guten Psychologie-Büchern gefragt, empfehle ich gerne Goethe und Loriot.

Wenn ich mal wieder mehr Zeit habe, werde ich mir zwei Hunde kaufen. Den einen werde ich MYTHOS, den anderen LOGOS nennen. So kann ich dann zuschauen, wie MYTHOS und LOGOS miteinander spielen und gemeinsam Hasen jagen ...

Der Wissenschaftler unterscheidet sich u.a. vom
Allerweltswisser dadurch, dass der Wissenschaftler sich
in einer Garanten-Stellung befindet.

"Ich bin jetzt auch Veganer." - "Was bedeutet auch?" -
"Ganz einfach, zum Fleisch gibt es eine vegane Beilage."
- "Aber dann bist Du doch kein Veganer."
- "Doch, AUCH! So wie die Ärzte, die neben naturwis-
senschaftlich begründeter Medizin auch esoterische
'Naturheilmethoden' anbieten."

Schaut man sich die überfüllten Hörsäle in den
psychologischen Fakultäten an, dann bekommt
"Massenpsychologie" eine ganz neue Bedeutung.

Das Tolle an Fernuniversitäten ist, dass man Psychologie studieren kann, ohne auch nur einem Menschen begegnen zu müssen. OK, vom Pizzaboten abgesehen.

Zeigen Globuli bei multiresistenten Keimen immer noch eine normale Placebo-Wirkung?

Spinnen und Insekten in der Wohnung töte ich nicht, sondern setze sie wieder in die Natur.
Damit sie der Nahrungskette nicht verloren gehen.

In aller Regel muss es erst Herbst werden, bevor der Kaiser einsieht, dass er nackt ist.

Meine Nachbarn sind so rücksichtsvoll, dass sie
Lärmbelästigungen meist auf die Mittagszeit an
Sonn- und Feiertagen begrenzen.

Andere genießen Ansehen – ich genieße Wegsehen.

Das gute am Fortschritt in der Sozialpsychologie ist,
dass man heute erklären kann, warum die Wiedervereini-
gung damals nicht funktionieren konnte.

Mühe zahlt sich halt doch aus …
Nachdem ich mehrere hundert Bücher gelesen, sowie
umfangreiche Feldstudien durchgeführt, und fast alle mir
möglichen Fehler begangen habe, kann ich nun mit
absoluter Sicherheit sagen:
42 ist richtig!

Auf den Schultern von Riesen ... sitzen die Faulen und
Feigen!
Zur Not auch auf Scheinriesen und selbst erfundenen.
Aber auch Riesen schauen in falsche Richtungen und
versperren neue Wege.

"Zucker mit unterschiedlichen Geschichten"
ist die Zusammenfassung von Placebo und Globuli.

Das Besondere von Erkenntnis durch Wissenschaft liegt
darin, dass wir vom Kosmos und von der Tiefsee jeweils
nur 4% kennen.
Beim Kosmos weil wir ihn erforscht haben, und bei der
Tiefsee weil wir sie nicht erforscht haben.

Der wesentliche Unterschied zwischen Rorschach-Test und Neuropsychoanalyse ist, dass man beim ersten nur Papier und Tinte, bei letzterer ein fMRT braucht, um Bilder für freie Assoziationen zu erzeugen.

Wie beim Einäugigen, so beruht mein Erfolg auf der dogmatischen Blendung der anderen.

Wenn Dummheit der Sprengstoff, dann ist Größenwahn der Zünder.

Demokratie bedeutet nur, dass die Mehrheit, nicht aber unbedingt auch die Vernunft regiert.

Pierre Mukadi Kaningu

Técnicos de laboratório e biólogos médicos

da República Democrática do Congo, desde os
anos 70 até à atualidade

ScienciaScripts

Imprint

Any brand names and product names mentioned in this book are subject to trademark, brand or patent protection and are trademarks or registered trademarks of their respective holders. The use of brand names, product names, common names, trade names, product descriptions etc. even without a particular marking in this work is in no way to be construed to mean that such names may be regarded as unrestricted in respect of trademark and brand protection legislation and could thus be used by anyone.

Cover image: www.ingimage.com

This book is a translation from the original published under ISBN 978-620-6-71738-6.

Publisher:
Sciencia Scripts
is a trademark of
Dodo Books Indian Ocean Ltd. and OmniScriptum S.R.L publishing group

120 High Road, East Finchley, London, N2 9ED, United Kingdom
Str. Armeneasca 28/1, office 1, Chisinau MD-2012, Republic of Moldova, Europe
Printed at: see last page
ISBN: 978-620-7-90195-1

Índice

Agradecimentos

Esta dissertação foi possível graças ao apoio do Conseil National des Biologistes Médicaux de la République Démocratique du Congo (CNBM-RDC).

Gostaria de agradecer mais uma vez aos patriarcas do CNBM, sem os quais grande parte deste trabalho nunca teria sido escrito. Refiro-me em particular aos responsáveis da corporação desde 1978 até à atualidade. erEntre estes pioneiros do CNBM, menciono Batangilayi (1 presidente da Association de Techniciens de Laboratoire Médical du Zaïre (ATELAMEZ) e os seus colaboradores Kabengele wa Kabenge, Mushiya wa Kalonji, Bitumba, Professor Kandolo Kakongo (presidente honorário do CNBM), Muhoya (Presidente honorário do CNBM), Fefe Baleka (Presidente honorário do CNBM/Kinshasa), Bembo Papy, Professores Lufuluabo Jean e Iyombe Jean-Paul e Malaba If Cléophas (Diretor honorário do Departamento dos Laboratórios de Saúde).

Os meus agradecimentos vão também para todos os biólogos médicos e técnicos de laboratório da RDC que, de perto e de longe, me encorajaram a escrever, pela primeira vez, a vida da profissão, incluindo a sua história.

Não posso deixar de reconhecer os esforços do Presidente Bokabela pelo seu encorajamento e apoio durante todo o processo de dissertação.

Gostaria também de expressar a minha gratidão a Kitenge Mateso, Mbuse Ilabo, Pukuta Nsimbu e Ngandu Muepu pela sua orientação durante o meu curto período nos laboratórios do Institut National de Recherche Biomédicale (INRB).

Por fim, os meus agradecimentos vão para uma senhora, a Dra. Gaëlle OLLIVIER GOUAGNA, pelos seus esforços incansáveis para apoiar o sistema laboratorial na República Democrática do Congo, pela sua disponibilidade e pelo seu apoio à impressão deste livro.

É difícil, nestas poucas linhas, agradecer a todas as pessoas que me encorajaram nesta aventura. O que é que lhes posso dizer! De resto, gostaria de expressar os meus sinceros agradecimentos e a minha profunda gratidão a todos aqueles que, de perto ou de longe, contribuíram para a redação deste documento.

Prefácio

A profissão de Técnico de Laboratório ou de Biólogo Médico, outrora pouco conhecida e, sobretudo, subestimada, assume hoje uma importância crescente com a vigilância das doenças, apoiada técnica e financeiramente pela Organização Mundial de Saúde, entre outros, e a ação reforçada no terreno pelo Centre for Disease Control (CDC) de Atlanta/Estados Unidos da América.

Um jovem biólogo descreve a história desta profissão e a criação do ensino superior e da formação universitária, bem como a génese e o desenvolvimento atual da corporação que rege esta profissão, num livro intitulado *"Techniciens de laboratoire et Biologistes Médicaux en République Démocratique du Congo, des années 1970 à nos jours"* (Técnicos de laboratório e biólogos médicos na República Democrática do Congo, dos anos 70 aos nossos dias).

Este jovem Biólogo Médico chama-se MUKADI KANINGU Pierre, que teve uma carreira excecional: primeiro como Técnico de Laboratório em 1999, depois como Biólogo Médico em 2008 durante a sua carreira no Institut National de Recherche Biomédicale, e finalmente como Doutor em Ciências Biomédicas na Universidade de Lubumbashi. Este é um modelo que deve encorajar outros técnicos de laboratório e biólogos médicos a seguir o exemplo. Prosseguir a formação universitária na era do sistema "Licence-Master-Doctorat" na República Democrática do Congo, ou, como profissional de saúde, redigir outros documentos que abordem outros aspectos, valorizando ao mesmo tempo a profissão, porque, como diz o ditado: "Não existe profissão tola, mas existem apenas pessoas tolas".

Dr. Denis KANDOLO KAKONGO

Biólogo médico (microbiologista) Professor ordinário

O laboratório de biologia médica (LBM) é um dos domínios da atividade médica e sanitária que desempenha o papel mais importante, nomeadamente no trabalho de prevenção, de diagnóstico, de prognóstico e de terapêutica. Geralmente localizado num estabelecimento de saúde (centro de saúde, hospital, clínica, etc.) ou funcionando como estrutura autónoma, o LBM recorre a um vasto leque de competências, desde o técnico de superfície e outro pessoal administrativo até ao seu principal interveniente, nomeadamente o técnico de laboratório (TL), o biólogo médico (BM), o biólogo médico ou o farmacêutico-biólogo. Não é raro encontrar um psicólogo, um veterinário, um químico, etc., entre as competências suplementares de que o LBM necessita atualmente.

Todas estas competências trabalham em colaboração entre si, mas também com outros profissionais de saúde, como enfermeiros, médicos e farmacêuticos, para efetuar análises cujos resultados constituem a informação principal e essencial necessária para facilitar a tomada de decisões médicas numa abordagem preventiva, diagnóstica, prognóstica e terapêutica.

Contexto

Como já foi referido, os cuidados médicos e as acções de saúde pública requerem o apoio de vários profissionais de saúde. Entre todas estas contribuições, a do LT ou BM, através do seu laboratório, é essencial, particularmente em regiões tropicais com recursos limitados, como a República Democrática do Congo (RDC), onde as doenças infecciosas e parasitárias são endémicas (Linsuke 2020). A pandemia da COVID-19, entre 2020 e 2023, demonstrou que o LMB é o elemento chave na deteção e controlo de doenças infecciosas emergentes (Fleming *2021*).

A RDC está constantemente a sofrer epidemias causadas por doenças virais, bacterianas e parasitárias, para as quais o diagnóstico biológico é essencial. A endemicidade da malária, da tuberculose e da síndrome da imunodeficiência humana adquirida (SIDA) na RDC exige igualmente serviços laboratoriais adequados para a vigilância biológica e o controlo dos cuidados médicos.

Assim, o principal animador da LBM na RDC, o TL e/ou BM, melhor a sua profissão, é o foco desta dissertação. Enquanto na maioria dos países desenvolvidos, a LBM está a fazer grandes progressos e o TL ou BM goza de um estatuto profissional satisfatório, em muitos países com recursos limitados, como a RDC, os regulamentos da LBM são aspiracionais, a associação profissional está a lutar para estabelecer a sua reputação, pelo que o prestígio de pertencer a esta categoria profissional é baixo.

Para além disso, há confusão quanto aos nomes, à divisão de responsabilidades e às qualificações/competências necessárias. Muitas vezes, os LBM são marginalizados e os TL/BM vivem numa frustração constante; têm a impressão de estarem abandonados à sua triste sorte, apesar dos serviços cada vez mais relevantes que oferecem diariamente à comunidade. [1]Consequentemente, a profissão atrai poucos candidatos e a proporção de TL/BM continua a ser baixa em relação à procura nacional.

Relevância

O presente documento dá um modesto contributo para todas estas preocupações. Para além de informações sobre as origens da LT e da BM na RDC, a evolução e o desenvolvimento da profissão ao longo dos anos, desde 1976 até à atualidade, e todos os aspectos do seu ambiente na RDC. Será dada especial atenção às perspectivas da LT/BM. O principal objetivo será descrever o futuro líder da LBM, tendo em conta a atual formação de base na RDC, que aplica agora o sistema "Licence- Master-Doctorat" (LMD). Mas também para despertar nos jovens o desejo e a ambição de servir a comunidade como TL ou BM e de desenvolver a sua profissão na medida do possível.

---

[1] Atualmente, existem cerca de 9.378 LT e BM na RDC, ou seja, uma LT/BM por cada 10.000 habitantes (CNBM, 2023).

O pessoal técnico de laboratório divide-se em várias categorias, de acordo com o seu nível de formação, funções e responsabilidades. Por razões óbvias de compreensão mútua e para as necessidades do presente livro, serão considerados os termos e definições abaixo indicados.

Definições de termos, vocabulário e conceitos como :

O técnico de laboratório, também conhecido como "*técnico de análises biomédicas*", "técnico de *laboratório*", "*tecnólogo de laboratório*" ou ainda "*técnico de laboratório*", é um profissional de saúde (membro da profissão médica) responsável pela realização de análises médicas, incluindo a preparação do doente, a recolha de amostras, a análise e a validação técnica dos resultados, com vista ao diagnóstico de uma doença.

No final da sua formação de dois a três anos (bacharelato mais dois ou três anos), consoante o país, os médicos devem possuir um bom conhecimento de todos os ramos da biologia médica, incluindo a microbiologia, a citologia, a hematologia e a química clínica. Devem igualmente demonstrar competências técnicas na utilização de equipamentos médicos e de instrumentos de análise informática. Devem possuir determinadas qualidades necessárias ao seu trabalho: por exemplo, uma excelente capacidade de análise e de síntese, que lhes permita ser pertinentes e precisos na justificação dos resultados que produzem na sequência das análises efectuadas. Devem igualmente possuir um bom conhecimento das regras de higiene, de biossegurança e de biosegurança, de modo a poderem aplicá-las de forma objetiva, rigorosa, metódica e organizada.

Na RDC, a LA está disponível nos níveis A2 e A1.

- *Técnico de laboratório* de nível A2: qualificado após quatro (4) anos de ensino secundário em técnicas médicas (nível de diploma de Estado) e capaz de aplicar corretamente as técnicas e os procedimentos analíticos no LBM.

- *Técnico de laboratório de nível A1*: possui uma formação de base de três anos a nível universitário (licenciatura) e, para além das competências técnicas, é capaz de explicar os porquês das coisas.

[2]O biólogo médico é um profissional de saúde especializado em análises médicas efectuadas sobre elementos do corpo humano, na maioria das vezes fluidos biológicos. Efectua e acompanha os procedimentos de biologia médica, interpreta e valida os resultados das análises antes da sua comunicação ao médico prescritor e/ou ao doente, de modo a contribuir para o diagnóstico médico e o acompanhamento do doente, de acordo com as regras do Código de Saúde Pública. É o elo de ligação entre o LBM e as partes envolvidas (doentes, clínicos e autoridades de saúde pública).

[3]Para se tornar BM na RDC, era necessário um curso universitário de dois anos (bacharelato mais cinco anos), consecutivo ao do TL (3 anos); mas com a implementação gradual do sistema *"Licence-Master- Doctorat"* (LMD) em 2021, o BM será um TL que tenha concluído um mestrado num dos ramos da biologia médica . Para além das competências de um TL, o BM deve dominar a nomenclatura dos procedimentos de biologia médica, possuir conhecimentos científicos e médicos, capacidade de interpretação da informação, adaptação à evolução tecnológica e legislativa e espírito de equipa.

Na RDC ou noutros países (Bélgica, França, Canadá, etc.), os *"biólogos médicos"* ou os *"farmacêuticos-biólogos"* tornam-se tais após dois a cinco anos de especialização num dos ramos da biologia médica.

[4]O biotecnólogo (médico), *"biólogo celular"* ou *"biólogo molecular"* é um profissional de saúde que domina a diversidade das estruturas, das funções, das reacções e dos comportamentos do mundo vivo. Deve possuir as competências necessárias para

---

[2] https://www.studyrama.com/formations/fiches-metiers/sante/biologiste-medical-37484#formations
[3] ESU-RDC, 2022: Modelos de licenciatura e de mestrado em ciências da saúde
[4] https://www.metiers-quebec.org/chimie/biotechno.html

desenvolver (ou modificar) organismos como células, moléculas ou genes de plantas ou de animais (plantas, bactérias, vírus, parasitas, insectos, aves de capoeira, ovinos, etc.), a fim de responder a necessidades específicas de aplicações múltiplas (desenvolvimento e aperfeiçoamento de vacinas, adubos biológicos, produtos médicos, alimentos com melhores qualidades nutricionais, etc.).

Podem trabalhar num laboratório de investigação (bioquímica, microbiologia ou biotecnologia) ou na indústria, supervisionando o pessoal e as actividades de um departamento de controlo de qualidade de produtos manufacturados. Pode também trabalhar em genética médica como especialista no processo de comunicação centrado nos problemas humanos associados ao aparecimento ou ao risco de aparecimento de uma doença genética numa família e, em particular, na transmissão de informações genéticas e no apoio a indivíduos e famílias que lutam contra uma doença hereditária.

Laboratório é uma organização dotada de infra-estruturas, equipamento, pessoal e documentação para a realização de manipulações e experiências no âmbito da investigação científica, da análise médica ou de materiais, de ensaios técnicos ou do ensino científico e técnico.

A Association Congolaise des Laboratoires (ASCOLAB) considera que o laboratório, em todos os domínios, é o local por excelência para responder a todas as questões e preocupações de uma comunidade.

Um laboratório de biologia médica (LBM), *comummente designado por "laboratório clínico" ou "laboratório médico",* destina-se a efetuar exames biológicos, microbiológicos, imunológicos, bioquímicos, biofísicos, citológicos, imuno-hematológicos, hematológicos, anatomopatológicos, entomológicos, genéticos ou outros, de substâncias de origem humana, com o objetivo de fornecer informações úteis para o diagnóstico, a gestão, a prevenção ou o tratamento de doenças ou a avaliação do estado de saúde dos seres humanos. O LBM pode prestar aconselhamento sobre todos os aspectos dos exames laboratoriais, incluindo a interpretação dos resultados e o aconselhamento sobre outros exames complementares adequados.

[5]Em conformidade com o decreto ministerial de 3 de maio de 2003 sobre a organização e o funcionamento dos laboratórios de saúde na RDC, os LBM têm por missão

- Prestação de apoio ao diagnóstico para serviços de prestação de cuidados de saúde;
- Realização de investigação biomédica para promover a saúde ;
- Participar no controlo de qualidade dos serviços, bens e alimentos;
- Facilitar a formação dos profissionais de saúde ;
- Contribuir para a vigilância epidemiológica e
- Apoio à investigação

E a nova versão da norma ISO 15189 define um laboratório como uma entidade responsável pela análise de materiais retirados do corpo humano com o objetivo de fornecer informações para diagnóstico, monitorização, vigilância, prevenção e tratamento de doenças ou avaliação do estado de saúde.

Como referimos anteriormente, o LT e/ou BM é a principal competência na organização, funcionamento e desenvolvimento de uma LBM.

Conseil national des biologistes médicaux et techniciens de laboratoire de la République Démocratique du Congo (CNBM-RDC): Nome atual da associação profissional dos principais intervenientes da LBM (BM e TL) na RDC, em conformidade com a personalidade jurídica n°210/CAB/ME/MIN/J&GS/2022.

---

[5] Ministério da Saúde. Decreto ministerial n°1250/ CAB/MIN/S/CJ/13/2003 de 03/05/2003 sobre a organização e o funcionamento dos laboratórios de saúde na RDC.

2 A profissão de técnico de laboratório e de biólogo médico na República Democrática do Congo

2.1 *Visão geral*

Nos primórdios da profissão, nos anos 70, e ainda hoje em algumas zonas de saúde do país, a biologia médica é praticada por pessoas formadas no banco, enfermeiros e pessoal médico que não os TL e BM. [67]Apesar do aumento significativo do número de LT e BM ao longo das décadas; de 34 LT (primeira turma em 1976) para cerca de nove mil trezentos e setenta e oito (9.378) atualmente recenseados pelo CNBM, este número continua a ser insuficiente para um país com uma população estimada em cerca de 100 milhões de habitantes.

[7]Quanto à distribuição por nível de ensino, o sistema laboratorial da RDC regista cerca de 85%, 15% e 0,4% de diplomados, licenciados e titulares de um mestrado ou doutoramento, respetivamente (n = 9 378).

Devido a uma organização inadequada, é difícil obter uma estimativa do número de LTs e BMs qualificados na RDC. No entanto, apesar disso, a RDC está longe de cumprir os requisitos internacionais, que recomendam um ou dois TLs por 10.000 habitantes. [8]Inquéritos científicos recentes em Haut-Katanga e Equateur relataram que 70,8% (n=479) e 70,9% (n=443) dos fornecedores de laboratórios, respetivamente, não tinham recebido formação universitária.

Além disso, as condições de trabalho dos LT e BM continuam a ser inadequadas e não permitem que o sistema LBM do país funcione eficazmente. A LBM continua a ser o parente pobre, basta percorrer o país para o constatar (Fig.1). Os relatórios das poucas avaliações recentes mostram uma infraestrutura relativamente dilapidada e inadequada, equipamento antigo e,

---

[6] Número total de membros efectivos do CNBM (Diretório do CNBM, 2023).
[7] O último recenseamento na RDC data de 1984 (30 milhões de habitantes). Em 2022, a extrapolação dá 99.254.067
(https://countrymeters.info/fr/Democratic_Republic_of_the_Congo)
[8] Fonte: Centro Internacional para o Programa de Cuidados e Tratamento da SIDA (ICAP)

em certa medida, inapropriado, grandes deficiências em termos de pessoal, garantia de qualidade e biossegurança (procedimentos analíticos praticamente inexistentes) e fornecimento de reagentes, meios de cultura e outros consumíveis. [9][10]Por exemplo, dos cerca de 3.000 laboratórios recenseados na megalópole de Kinshasa, apenas cerca de 30 efectuam culturas bacterianas. No que se refere ao pessoal, a falta de motivação é constantemente alimentada por uma remuneração insuficiente e por condições de trabalho inadequadas, incluindo um acesso deficiente à formação e à reciclagem.

Por fim, como referem LUFULUABO et *al*, "*a LBM assemelha-se a uma fábrica de triagem de diamantes onde todos os operadores (caixas, tesoureiros e outros) estão relativamente satisfeitos, exceto os mineiros que são os principais produtores das pedras preciosas*". Entretanto, graças às suas actividades, os TL e os BM fornecem até 80% dos valores ao longo de todo o processo médico, mas recebem frequentemente bónus modestos e desproporcionados em relação ao seu desempenho. A recente pandemia de COVID-19 demonstrou a importância da LMC, que tinha sido ignorada durante décadas.

Figura 1: Laboratório médico (da esquerda para a direita: HGR Bwamanda - Laboratório Provincial de Saúde Pública de Kananga - CS de Boma Bungu)

Apesar deste quadro sombrio da profissão, há uma **série de oportunidades e experiências individuais que auguram um futuro brilhante para os TLs e BMs na RDC.** Tentamos relatá-las aqui:

- *Aumentar o financiamento para o desenvolvimento da LMB* no contexto da vigilância epidemiológica, da investigação operacional e também da investigação clínica: certas

---

9 Fonte: Divisão Provincial de Kinshasa
10 Fonte: Departamento de Bacteriologia, Instituto Nacional Francês de Investigação Biomédica

epidemias, como o Ébola e a COVID-19, embora causando danos por vezes irreversíveis, foram, no entanto, oportunidades para o desenvolvimento do subsector da LMB. O apoio do governo e dos seus parceiros ao diagnóstico biológico durante as epidemias constitui frequentemente uma oportunidade para investir e melhorar o sistema laboratorial através da construção/reabilitação de infra-estruturas, da renovação e modernização de equipamentos, da formação de prestadores de serviços, etc. Até à data, os BMLs localizados nas províncias são também capazes de efetuar análises de biologia molecular em tempo real (como nas províncias de Haut-Katanga, Kivu do Norte, Lualaba e Ituri). Como resultado, alguns colegas viram as suas carteiras incharem consideravelmente.

- **Desenvolvimento** profissional

Embora a maioria dos TL e BM trabalhe na bancada, efectuando análises, incluindo atualmente análises que outrora eram muito raras, como a biologia molecular, alguns TL e BM asseguraram o desenvolvimento profissional durante e após o qual alguns são agora peritos e investigadores qualificados (com mestrados e doutoramentos) em institutos de investigação, universidades e outras organizações regionais e mundiais. As suas áreas de especialização incluem a microbiologia, a epidemiologia de campo, a saúde pública, os sistemas de gestão da qualidade, a biossegurança e a criminologia.

Desde a criação do ISTM- Kinshasa, os estudantes de TL e BM aí formados que prosseguiram para a tese de doutoramento fizeram-no através de outras faculdades que não a de Medicina da RDC e de outras instituições universitárias estrangeiras. Trata-se, nomeadamente, dos Professores Denis KANDOLO, Jean LUFULUABO, Nana MULENVO, Joseph MBASANI, Justine MBELU, Jacques MUZIAZIA, Thierry PALUKU, Jean-Paul IYOMBE, Jacquin KAMBALE e Jean-Pierre BASILUA.

Mas, pela primeira vez, foi na Faculdade de Medicina da Universidade de Lubumbashi, em julho de 2017, que o BM Pierre MUKADI, formado no ISTM-Kinshasa, apresentou a sua tese de doutoramento na vertente "Morfofuncional" do Departamento de Ciências Biomédicas da Faculdade de Medicina da Universidade de Lubumbashi. Desde então, vários BMs defenderam as suas teses nesta Alma Mater. A escola de doutoramento do ISTM em Kinshasa também começou recentemente a formar doutorados, nomeadamente BMs.

- **Oportunidades de negócio no fornecimento de** equipamentos, materiais, reagentes, meios de cultura e insumos para MBL, na **criação de laboratórios privados especializados** e em outros tipos de serviços como formação, auditoria de qualidade, coaching, etc. Seguem-se apenas alguns exemplos:
    o As empresas de venda de produtos médicos "**Surveillance Médicale**" e "**Emmaüs**", dirigidas respetivamente pelos biólogos médicos Richard NGWANGU (Kinshasa-Gombe) e Bernard (Kisangani-Tshopo);
    o **Laboratório de criminologia** de Clément Ngonde em Kinshasa-Gombe;
    o SARLU "**Cabinet MK**", para a conceção e instalação de laboratórios, formação técnica, apoio à acreditação, auditoria, etc. em Kinshasa e Lubumbashi, por BM Pierre MUKADI.

2.2 *História da profissão*

A génese das profissões de TL e BM na RDC está totalmente dependente do ISTM-Kinshasa.

O ISTM-Kinshasa foi o primeiro estabelecimento de ensino superior de medicina, criado em maio de 1973. Como veremos mais adiante, é de notar que, antes da criação do ISTM, várias faculdades de medicina de Kinshasa ofereciam cursos no domínio médico-social, mas ainda não formavam TL.

[11]A tripla missão do atual ISTM-Kinshasa pode ser resumida da seguinte forma

- Formar gestores especializados em ciências e técnicas médicas e paramédicas;

---

[11] Fonte: ISTM-Kinshasa, http://istmkin.education/fr/historique-istm-kinshasa/

- Organizar a investigação sobre a adaptação de novas técnicas e tecnologias às condições da RDC e conferir graus jurídicos em conformidade com as disposições legais e regulamentares relativas à atribuição de graus académicos;
- Retribuir à comunidade.

Além disso, foram criadas duas outras instituições de ensino médico, de nível secundário: (1) o Institut de Technique Médicale de Tshikaji (ITM), cujas origens remontam ao Institut Médical Chrétien du Kasaï, fundado em 1954 em Lubondai e que se transferiu mais tarde, nos anos 70, para Tshikaji, 15 quilómetros a sul de Kananga, na atual província de Kasaï, e (2) o Institut Médical Evangélique de Kimpese (IME), na província do Kongo Central. Estas duas instituições começaram a ministrar as LT de nível A2 em 1978 (Fig.2). Entre as principais instituições deste nível, encontra-se o Instituto Nacional Piloto para o Ensino das Ciências da Saúde (INPESS) em Kinshasa (antigo Instituto de Ensino Médico de Kinshasa - IEMK - vítima da pilhagem sistemática de 1991-1993) que, após uma renovação em 2013, forma auxiliares de farmácia, parteiras, enfermeiros, técnicos de saneamento e técnicos de laboratório médico e de saúde pública.

Os TL e BM são atualmente formados em várias instituições de ensino superior e universitárias, públicas e privadas, em todo o país.

Figura 2: Da esquerda para a direita, Institut médical évangélique de Kimpese - Institut technique médical de Tshikaji e Institut national pilote d'enseignement des sciences de santé de Kinshasa.

2.2.1 *Génese do Instituto Superior de Técnicas Médicas*

Para apresentar a história da profissão, entrevistámos sucessivamente alguns daqueles que consideramos serem "Pioneiros" e pessoas de referência da profissão (Anexo 1). Após as entrevistas individuais com cada um destes pioneiros e pilares, compilámos e resumimos os seus testemunhos da seguinte forma:

Já em 1973, um instituto universitário, o Institut supérieur des études paramédicales (ISEPM), ligado à Faculdade de Medicina da Université Nationale du Zaïre (UNAZA), campus de Kinshasa (atualmente a Universidade de Kinshasa), organizava cursos de Gestão Hospitalar e de Ciências de Enfermagem. Este instituto foi criado por decisão do Conselho Revolucionário da UNAZA, realizado na cidade de Kisangani em maio de 1973. O Dr. Carlo ROSSETI (antigo perito da Organização Mundial de Saúde, OMS) e a agência de cooperação belga foram responsáveis pela pressão para a sua criação. Em 1974, o ISEPM tornou-se o "Instituto Superior de Técnicas Médicas" (ISTM), por decisão do Bureau Político do Movimento Popular Revolucionário (MPR). O Dr. Carlo ROSSETI e o Maitre ABANGADGAPAKWA tornaram-se o primeiro Diretor-Geral e o primeiro Secretário-Geral, respetivamente. Foi assim que o ISTM obteve a sua autonomia de gestão e se separou da Faculdade de Medicina do campus de Kinshasa da UNAZA. Muito rapidamente, durante o mesmo ano académico de 1973-1974, em resposta às necessidades do país, foram criadas as secções de "Cinesiterapia", "Radiologia" e "Técnicas Laboratoriais" e cerca de 150 estudantes inscreveram-se no conjunto das três secções.

No entanto, no que diz respeito às suas infra-estruturas, o ISTM continuou a funcionar nos edifícios das Faculdades de Direito e de Agronomia no campus da atual Universidade de Kinshasa (UNIKIN). Na década de 2000, o ISTM começou a mudar-se para o seu próprio campus na Route Kimwenza, em frente ao hospital psiquiátrico conhecido como "Centre Neuro-psycho-pathologique de l'UNIKIN". Desde então, foram gradualmente construídos edifícios para albergar o laboratório de aplicação, auditórios, escritórios e, mais tarde, em 2012, a direção geral, antes de deixar definitivamente o campus da UNIKIN. Atualmente, o ISTM-Kinshasa é um campus em contínuo desenvolvimento, tanto em termos de edifícios como de equipamentos, nomeadamente para a secção "Técnicas Laboratoriais".

De igual modo, devido à escassez de professores e outros membros do corpo docente, o ISTM continua a recorrer a professores das faculdades de Medicina, Ciências e Farmácia de outras instituições universitárias locais e estrangeiras. [12]Até à data, o ISTM conta com sessenta e quatro professores, cada vez mais formados ou em processo de formação graças à parceria do ISTM com instituições académicas nacionais e internacionais.

2.2.2 Antecedentes da disciplina de Técnicas Laboratoriais

Durante o ano letivo de 1973-1974, a secção de Técnicas Laboratoriais do ISTM de Kinshasa matriculou várias dezenas de estudantes no primeiro ano do curso, dos quais mais de 60 passaram para o segundo ano e apenas 34 dos 35 concluíram o curso de 3 anos em 1976. Entre eles estavam alguns pioneiros que entrevistámos durante a redação deste livro.

Figura 3: Imagens de arquivo de trabalhos práticos efectuados por estudantes de química e microbiologia no ISTM-Kinshasa

O programa de formação de TL, inspirado nos programas canadianos e belgas da época, incluía cursos de base comum com alunos de outras secções, mas também e sobretudo cursos específicos e práticos dedicados exclusivamente aos futuros TL. O ISTM-Kinshasa dispunha de laboratórios de ensino para os domínios específicos da Química e da Microbiologia, bem como de uma sala de microscopia onde cada aluno dispunha do seu próprio microscópio para trabalhos práticos.

Os professores eram peritos da OMS e outros professores e docentes da Faculdade de Medicina do UNAZA, campus de Kinshasa. Podemos mencionar em particular o Dr. Firmin KRUBWA (Microbiologista da Faculdade de Medicina da UNAZA, campus de Kinshasa, e que foi o primeiro chefe da secção "Laboratório" de 1973-1978), o Sr. KELLENS, segundo chefe da secção Laboratório entre 1978 e 1982 (Quadro 1).

Para completar a sua formação académica, os primeiros futuros TL realizaram os seus estágios académicos anuais sob a supervisão dos assistentes de laboratório da época (enfermeiros e outros prestadores de serviços formados no laboratório por especialistas belgas no final da colonização).

Nos primeiros tempos da formação básica de TL, era necessária uma percentagem superior a 55% para se poder passar ao ano seguinte. èmeèmeAssim, por exemplo, os Srs. *Dangala*, *Oledi* e *Baelongadi* foram obrigados a repetir o 2º ano de licenciatura para poderem fazer parte da 2ª classe de TL de 1977.

Quadro 1: Chefes da secção de Técnicas Laboratoriais, ISTM-Kinshasa

N°	Nomes	Período	Fotografia
1	Prof. Firmin KRUBWA	1973 - 1978	
2	Prof. KELLENS	1978 - 1982	
3	C.T. HERABO MANGILIO	1982- 1986 1994 - 1995	
4	Prof. KANDOLO KAKONGO	1986 - 1994	
5	Prof. MPONA MINGA MISHIMA	1995 - 1997	

6	C.T. KANDOLO MUGALU	1997 - 2000	
7	Prof. NKEBOLO MALAFU	2000 - 2006	
8	Prof. NDONGA LUTUMBA	2006 - 2010	
9	C.T. MBADU ZEBE	fevereiro - outubro de 2010	
10	C.T. NTAKOYI NKOMU	2010 -2016	
11	Prof. BASILUA KANZA	2016 - 2021	

| 12 | Prof. IYOMBE ENGEMBE | 2021 - 2023 | |
| 13 | Prof. MBASANI MANSI | 2023 - | |

No final destes três primeiros anos de formação de base em técnicas laboratoriais, apenas 34 candidatos aprovados passaram os exames de fim de ciclo e foram qualificados como TL. Todos os candidatos aprovados foram requisitados e empregados no ensino superior e universitário (Clínicas Universitárias de Kinshasa, Faculdade de Medicina do UNAZA e ISTM), em instituições de saúde como o atual Centre Hospitalier Universitaire Renaissance - Ex. Maman Yemo - em Kinshasa, a Clinique Kinoise, o Bakwanga Mining Health Service e o exército nacional. A maior parte destes primeiros TL foram recrutados mesmo antes de completarem o seu último ano no ISTM, porque eram os primeiros e a comunidade estava à espera deles com impaciência. No entanto, alguns foram retidos como "Chargés des Pratiques Professionnelles", a fim de prosseguirem a sua formação até à tese de doutoramento, entre os quais o atual Professor Dénis KANDOLO KAKONGO e o Chef des Travaux (CT) Marcel KABENGELE WA KABENGE. Outros TL foram recomendados para especialização no Institut Louis Pasteur em Paris, França, entre os quais Elisabeth MUSHIYA WA KALONJI, KALUME, KIAMBEZI e FALANKA. Esta especialização constituía um prelúdio para a formação de técnicos superiores para trabalhar nos laboratórios do Instituto Nacional de Investigação Biomédica (INRB), que estava a ser criado.

2.3 *Início do segundo ciclo de biologia médica*

A primeira turma de licenciados em Técnicas Laboratoriais concluiu o seu curso de três anos em 1976. No total, 56 dos primeiros técnicos de laboratório formados na RDC foram lançados no mercado de trabalho, ainda inexplorado na altura. Nessa altura, o ISTM-Kinshasa tinha planeado organizar o segundo ciclo, ou seja, a licenciatura em Biologia Médica, dois anos mais tarde, a partir do ano letivo de 1978-1979; mas tal não aconteceu por uma série de razões óbvias que tentaremos explicar nos parágrafos seguintes.

Foi apenas em 1998 que o ISTM-Kinshasa obteve a autorização necessária para finalmente organizar cursos de licenciatura em Biologia Médica (Fig.4). Apenas um pequeno grupo dos primeiros TLs do país regressou ao ISTM para realizar o sonho da "Licença". Mas o que é que aconteceu durante todos estes longos anos de impaciência? Porque é que o ISTM só obteve esta autorização vinte e dois anos depois?

É sabido que no país de Patrice Emery Lumumba, a política infiltrou-se em todos os domínios da vida congolesa desde os anos da ditadura *Mobutiana*. A resistência de certos organismos médicos da época também atrasou o aparecimento da licenciatura em Biologia Médica no ISTM-Kinshasa.

Além disso, só depois de uma série de acontecimentos, nomeadamente a pressão exercida vários anos antes por um grupo de membros da Association de Techniciens de Laboratoire Médical du Zaïre (ATELAMEZ), entre os quais o Sr. Jean-François FEFE BALEKA, e a presença do Professor Dénis KANDOLO KAKONGO à frente do comité de gestão do ISTM-Kinshasa entre 1997 e 2000, é que foi finalmente obtida a autorização do Ministro do Ensino Superior e Universitário (ESU) para organizar o segundo ciclo no ISTM-Kinshasa, obter finalmente a autorização do Ministro do Ensino Superior e Universitário (ESU) para organizar o segundo ciclo no ISTM de Kinshasa. Apesar da oposição de certos organismos médicos até ao último minuto, o curso abriu as suas portas, inicialmente não só em Biologia Médica, mas também em

Enfermagem. Depois, com o passar dos anos, outras secções implementaram o bacharelato.

De notar que, tal como o programa de formação de licenciados em técnicas laboratoriais, o programa de formação de bacharéis foi concebido com base em programas de outras universidades de renome internacional, como as do Canadá (Université de Québec) e da Bélgica (Louvain, Liège e Université libre de Bruxelles).

Figura 4: *Primeira classe de licenciados em biologia médica, ISTM- Kinshasa, 2001*

As dez secções atualmente organizadas no ISTM-Kinshasa são: (1) Biologia Médica, (2) Gestão de Organizações de Saúde, (3) Higiene, Saúde Ocupacional e Gestão Ambiental, (4) Imagiologia Médica, (5) Obstetrícia, (6) Saúde Comunitária, (7) Enfermagem, (8) Ciências Motoras e de Reabilitação, (9) Ciência Alimentar, Nutrição e Dietética, e (10) Técnicas Farmacêuticas.

Além disso, a Escola Doutoral do ISTM-Kinshasa, criada em 2015, iniciou as suas actividades concretamente durante o ano letivo de 2016-2017 com um programa de mestrado em Biologia Médica e Ciências da Enfermagem. Depois, no segundo ano académico de 2017-2018, para Saúde Comunitária (Bioestatística), Ciência Alimentar, Nutrição e Dietética, e Gestão de Organizações de Saúde. De referir que os Mestrados em Biologia Médica estão atualmente organizados para *Bioquímica-Química Clínica, Hematologia-Imunohematologia e Microbiologia Médica.*

Agora que é capaz de formar os seus próprios doutorados, o ISTM-Kinshasa pretende tornar-se uma universidade chamada *"Haute école de sciences de la santé".*

2.4 *Visão geral da associação profissional*

2.4.1 *Associação dos Técnicos de Laboratório do Zaire, ATELAMEZ (1978 - 1986)*

A associação profissional dos técnicos de laboratório foi rapidamente criada pelos TL da primeira classe de Técnicas de Laboratório (julho de 1976). Estes criaram rapidamente a Associação dos Técnicos de Laboratório do Zaire (ATELAMEZ) a 18 de março de 1978.

Eis os principais acontecimentos e oportunidades que levaram à criação da ATELAMEZ:

- ***Necessidade urgente de técnicos de laboratório nas empresas e nos hospitais de Léopoldville (atual Kinshasa) e em todo o país***
Como descrito no ponto 2.2.2, os primeiros TL, rapidamente recrutados pelas instituições utilizadoras, foram equiparados, por defeito, aos enfermeiros em termos de remuneração e de outras prestações sociais. Assim, as frustrações começaram a manifestar-se e os TL procuraram muito rapidamente organizar-se num sindicato ou numa organização profissional, a fim de melhor exprimir e apresentar as suas reivindicações como um corpo diferente dos médicos, dos enfermeiros, em suma, dos outros profissionais de saúde.
- ***Falta de peritos de laboratório na representação nacional da Organização Mundial de Saúde***
Neste contexto, a OMS, que também tinha feito campanha para a criação do ISTM, sofria de falta de peritos locais no seu gabinete de Kinshasa, bem como de um contacto de laboratório de saúde.

Foi assim que a ideia de criar uma associação começou a passar pela cabeça dos TL. Tudo começou com reuniões de carácter sindical para fazer face à frustração dos TL nos hospitais. Incentivados nomeadamente pela OMS e pelos seus antigos formadores do ISTM, o grupo de pioneiros da ATELAMEZ conseguiu organizar a primeira manifestação da corporação com o apoio da OMS e do Ministério da Saúde. Em 1978, foi organizado um seminário que reuniu os TL, delegados da OMS, dos Ministérios da

Saúde e do Ensino Superior e Universitário. Este evento contribuiu para sensibilizar e consolidar a associação nascente.

O movimento foi assim reforçado e o primeiro comité nacional da corporação foi criado, por consenso, em 1978. Os membros deste comité incluíam o primeiro presidente nacional, Aloïs BATANGILAYI MESU, e os secretários Marcel KABENGELE WA KABENGE e Elisabeth MUSHIYA WA KALONJI.

A partir daí, a organização da ATELAMEZ continuou com reuniões e actividades esporádicas, sendo as principais

- O **primeiro seminário**, acima mencionado, apresentou a ATELAMEZ ao Ministério da Saúde e à OMS;
- A luta por **honorários adequados para os TL** e outros profissionais de saúde não médicos. Na altura, perante o Presidente da Ordem dos Médicos, o Presidente Batangilayi conseguiu lutar pelo pagamento de honorários adequados, para além do salário do Estado congolês, aos membros de todas as corporações não médicas. Todos os outros hospitais do sector público implementaram gradualmente este sistema de pagamento de honorários, também para os profissionais de saúde não médicos. É de salientar que, mesmo nos primeiros tempos da profissão, os TL assinalaram que eram eles que faziam a maior parte do trabalho no processo de cuidados médicos.
- **Reconhecimento como entidade de direito próprio**: teve lugar durante uma reunião organizada pelo Professor KALENGAYI (Faculdade de Medicina, campus de Kinshasa/UNAZA) na sala de conferências do Ministério dos Negócios Estrangeiros em Kinshasa.

A ATELAMEZ também participou na criação do INRB. Alguns membros da ATELAMEZ, entre os quais a BM Elisabeth MUSHIYA WA KALONJI, foram seleccionados para uma formação complementar no Instituto Louis Pasteur de Paris, em França, que necessitava de técnicos superiores para trabalhar no futuro laboratório de saúde pública, o INRB.

Após alguns anos de gestão, em 1986, o comité BATANGILAYI organizou uma reunião no ISTM, a lendária sede da ATELAMEZ, no final da qual o Professor Dénis KANDOLO foi nomeado Presidente da ATELAMEZ por consenso.

2.4.2 *Conselho Nacional dos Técnicos de Laboratório, CNTL (1991-2001)*

Desde a sua entrada em funções, em 1986, o Professor Dénis KANDOLO, graças à sua reputação, à sua posição na OMS, ao seu espírito criativo e à sua agenda, começou a sensibilizar os TL de todo o país e conseguiu criar comités provinciais, nomeadamente em Shaba (antiga província do Katanga) e em Kinshasa, onde Darius SELEMANI UNGU, de feliz memória, e Jean-François FEFE BALEKA foram os primeiros presidentes provinciais. Na altura, muitos TL não estavam interessados na corporação e, na maior parte dos casos, alguns membros do comité eram "candidatos únicos" ou comparsas.

Em 1990, realizou-se uma assembleia electiva a nível nacional e o Professor Dénis KANDOLO, candidato único, foi eleito Presidente do Comité Nacional do CNTL. BAELONGANDI BOLIO e MUHOYA DJUNGAYANE tornaram-se Vice-Presidente e Secretário-Geral, respetivamente. Os dois principais objectivos deste comité eram (i) a obtenção de um estatuto jurídico e (ii) a criação de um bacharelato em técnicas laboratoriais no ISTM-Kinshasa.

O comité foi oficialmente inaugurado numa grande cerimónia realizada na sala de conferências do Palais du peuple, na qual participaram membros do CNTL, várias autoridades políticas e académicas, delegações de parceiros do Ministério da Saúde e outras dignidades locais. A Société commerciale et industrielle Bemba du Zaïre (SCIBE-Zaïre) foi o principal patrocinador desta cerimónia histórica.

[13]O CNTL também participou formalmente na Conferência Nacional Soberana. Sieur ONALUNDULA, de feliz memória, agente do INRB na altura, foi um dos 2800 participantes

---

[13] A Conferência Nacional Soberana (agosto de 1991 a dezembro de 1992) marcou o início de um longo período de transição política no Zaire. Reuniu 2.800 representantes de 200 partidos políticos e associações profissionais de todo o país.

num dos maiores acontecimentos da história pós-colonial do Congo Belga, em 1991.

Durante este mesmo período (1991-1992), foi publicado um boletim quinzenal graças ao espírito criativo do diretor de obras François DANGALA.

Os principais aliados do presidente Dénis KANDOLO são o BM Papy MUHOYA e Jean-François FEFE, respetivamente vice-presidente do comité nacional e presidente provincial da cidade de Kinshasa. [14]Foi graças a esta equipa que, em 2001, foram redigidos os primeiros estatutos do CNBM e, mais tarde, foi obtida a F92.

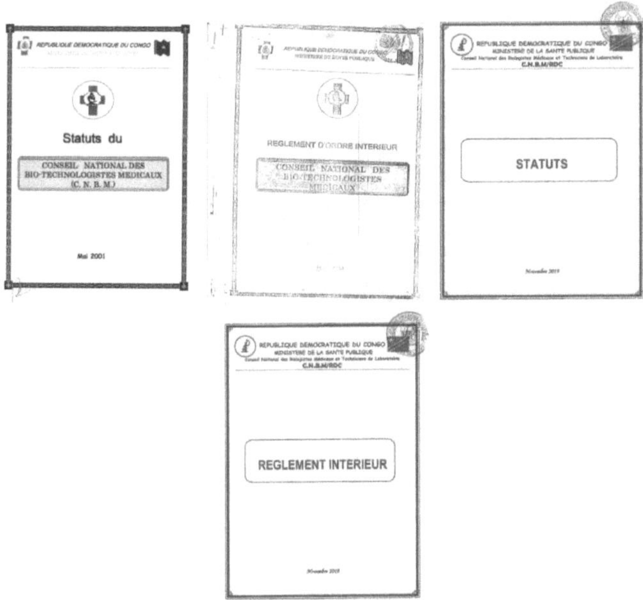

Figura 5: *Estatutos sucessivos do CNBM entre 2001 e 2020*

---

[14] F92: Autorização provisória de funcionamento de uma associação sem fins lucrativos concedida pelo Ministério da Justiça

2.4.3 *Conselho Nacional dos Biotecnólogos Médicos, CNBM (2001- 2018)*

Comissão "MUHOYA DJUNGAYANE", 2001- 2014

Pouco depois do ano 2000, as actividades da corporação começaram a afundar-se na letargia, nomeadamente devido à indisponibilidade do professor-presidente nacional, que estava agora colocado fora do país pelo seu principal empregador, a OMS. Foi assim que, em 2001, um despertar dos membros ainda activos levou à organização de uma grande Assembleia Geral (AG) no ISTM-Kinshasa (a lendária sede da corporação desde a sua criação). No final desta AGM, o BM Papy MUHOYA foi nomeado, por consenso, presidente interino do comité nacional, a fim de revitalizar as actividades e desenvolver a corporação. O comité "MUHOYA" apoiou-se fortemente no comité provincial de Kinshasa para organizar o CNBM, nomeadamente através da criação de unidades do CNBM nas principais instalações médicas da capital e também através da cobrança ativa das quotas dos membros efectivos.

Durante este período, alguns estabelecimentos médicos da cidade de Kinshasa destacaram-se pela sua dedicação ao CNBM, nomeadamente as Clínicas Ngaliema, o INRB, as Clínicas Universitárias de Kinshasa e o ISTM-Kinshasa.

Durante este período, a sede nacional do CNBM foi transferida para o distrito de *Matonge*, na comuna de *Kalamu,* e realizaram-se reuniões mensais do comité provincial. Um dos principais resultados deste comité foi o reconhecimento formal do CNBM como "Conseil National des Biotechnologistes Médicaux" pelo Ministério da Saúde, bem como a obtenção do documento "F 92" do Ministério da Justiça, autorizando a corporação a funcionar oficialmente, enquanto se aguarda a personalidade jurídica.

Foi também durante este período que o primeiro cartão de sócio, assinado pelo Professor KANDOLO, então Presidente, foi emitido a todos os membros efectivos do CNBM, incluindo os das províncias (Fig.6).

Após estas poucas tentativas de revitalização do CNBM, houve finalmente um segundo período de inatividade, que se prolongou até pouco antes de 2009.

Preocupado com a situação, um movimento de colegas tomou a seu cargo contribuir para a mudança, organizando-se num grupo de reflexão para revitalizar as actividades do CNBM, dirigido por TL Papy BEMBO. Animado por esta pressão, o Professor-Presidente Denis KANDOLO convocou uma assembleia geral em setembro de 2009, no termo da qual foi constituída por consenso uma nova comissão nacional provisória, encarregada de reorganizar a associação e de organizar eleições gerais, presidida por BM Kadhafi SUMBA.

No entanto, o comité interino, apoiado pelo comité provincial de Kinshasa, não aceitará estas resoluções, o que explica a dualidade no topo do CNBM.

Foi chamado um grupo de sábios para reconciliar os dois grupos. Uma reunião de harmonização presidida pelo Diretor dos Laboratórios na altura, BM If Cléophas MALABA, conduziu a uma harmonização através da fusão dos dois comités: Papy MUHOYA e Kadhafi SUMBA.

Colocando os interesses da profissão acima de tudo, os membros do comité harmonizado levaram a cabo uma tarefa titânica que culminará em 2014 com a organização de eleições conducentes a uma transferência democrática de poder entre o comité MUHOYA cessante e o comité KANYONGA que entra em funções.

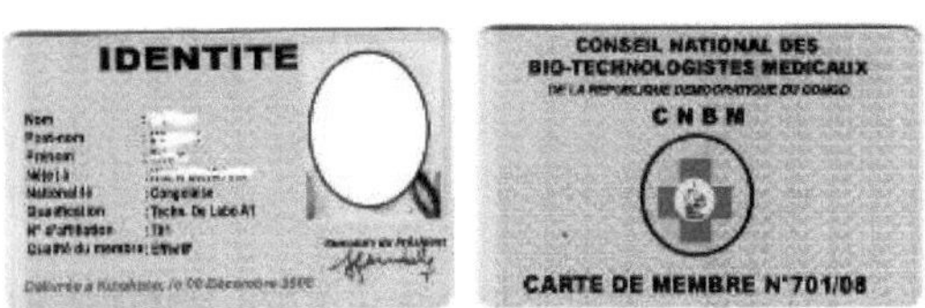

Figura 6: *Cartão de membro do CNBM entre 2001 e 2015*

Comité "KANYONGA MANUELE", 2014- 2018

Em 2012, houve um novo despertar e, desta vez, muitas reuniões sucessivas foram realizadas na clínica Bondeko, graças ao BM Papy EKOFEMBE. Foi criada uma comissão eleitoral sob a presidência do BM Antoine MANGAMBA. Os preparativos para as eleições prosseguiram até ao início de 2014.

Dois mil e catorze marca o início de uma nova era no seio do CNBM. As primeiras eleições para os membros do comité nacional do CNBM, alargado às províncias, realizaram-se a 16/03/2014 na grande e lotada sala de reuniões do centro *Lindonge* em Limete, Kinshasa. Estas eleições tiveram o mérito de incluir também as províncias do país, através dos responsáveis provinciais do CNMB. Foi eleito o comité do falecido Professor Pascal KANYONGA MANUELE, com o BM Pierre MUKADI e Papy BEMBO como vice-presidentes para um mandato de 4 anos.

O comité KANYONGA deixou a sua marca na história do CNBM, nomeadamente através da aquisição da primeira sede nacional do CNBM, que estava totalmente equipada e empregava um secretariado que trabalhava 6 a 8 horas por dia. Esta primeira sede oficial do CNBM esteve localizada na histórica avenue de l'Université n°203/6, na comuna de Lemba em Kinshasa, entre janeiro de 2015 e junho de 2018. O design e a cor do cartão de membro do CNBM também foram melhorados durante o mesmo período (Fig.7).

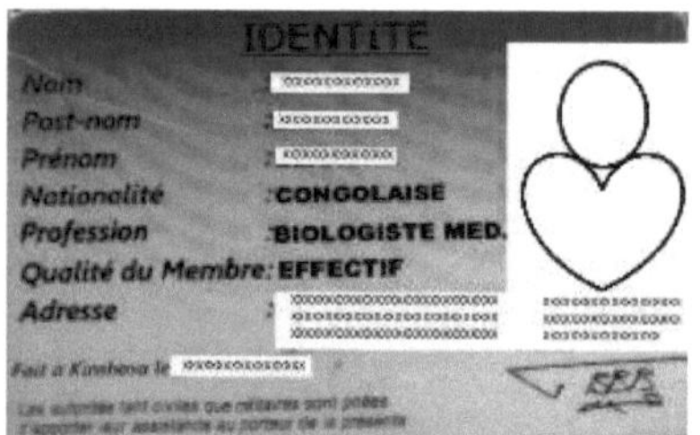

Figura 7: *Cartão de membro efetivo do CNBM entre 2015 e 2019*

O outro mérito do comité KANYONGA MANUELE foi o respeito do seu mandato de 4 anos, tal como estipulado nos estatutos do CNBM. De facto, este comité organizou as eleições durante a Assembleia electiva de 28 de outubro de 2018, no final da qual foram eleitos novos membros, incluindo BM BOKABELA BALAMBA como presidente nacional.

2.4.4 *Conselho Nacional dos Biólogos Médicos e Técnicos de Laboratório, CNBM (2018-)*

Comissão "BOKABELA BALAMBA", 2018-

No final do mandato do comité nacional presidido pelo Professor KANYONGA, foram novamente realizadas eleições em 28 de outubro de 2018 em Kinshasa. Algumas províncias como o Kongo Central, Kwango, Kwilu, Kivu do Norte, Kivu do Sul, etc. enviaram os seus representantes. As eleições foram realizadas em conjunto com as segundas jornadas de ética do CNBM (Fig. 8).

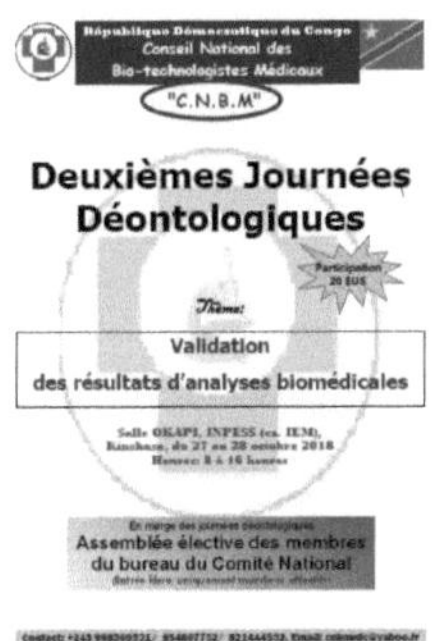

Figura 8: Cartaz das segundas jornadas de ética do CNBM presididas por BM Blandin Bokabela, Presidente do CNBM (2018-)

Pouco depois da sua tomada de posse, a nova comissão liderada pelo Presidente BOKABELA concluiu a revisão dos Estatutos iniciada pela comissão KANYONGA.

Note-se que a denominação revista da corporação é agora "Conseil National des Biologistes Médicaux et Techniciens de laboratoires", ou CNBM para abreviar. Em 2019, os estatutos revistos do CNBM foram notariados pela primeira vez. E pouco antes do final do seu primeiro mandato, o comité "BOKABELA" obteve a "Personalidade Jurídica" do CNBM cujo número: *Min. Justiça n°210/CAB/ME/MIN/J&GS/2022.*

Após a reeleição de quase todos os membros da comissão "BOKABELA" em 2022, o projeto de lei que cria a ordem dos BM e TL foi finalmente validado e está atualmente a ser enviado ao parlamento, através da Assembleia Nacional, para possível adoção durante a sessão de setembro de 2023 (Fig.9).

Figura 9: Apresentação do projeto de lei para criar a ordem de BM e TL da RDC pela deputada Christelle Vuanga, Kinshasa, 9 de junho de 2023

Quadro 2: Presidentes das empresas TL e BM na República Democrática do Congo

N°	Nomes	Período	Fotografia
1	Aloïs BATANGILAYI MESU	1978 - 1986	
2	Dénis KANDOLO KAKONGO	1986 - 2001	
3	Papy MUHOYA DJUNGAYANE	2001 - 2014	
4	Pascal MANUELE KANYONGA	2014 - 2018	
5	Blandin BOKABELA BALAMBA	2018 -	

2.5 *Intervenientes do Laboratório de Biologia Médica na República Democrática do Congo*

2.5.1 *Divisão dos Laboratórios de Saúde (DLS)*

Na RDC, a LBM é organizada ao mais alto nível através da Direction des Laboratoires de Santé (DLS), que funciona atualmente no âmbito do Secretariado-Geral do Ministério da Saúde Pública, Higiene e Prevenção. èmeA DLS era conhecida como a "8 direção" antes das reformas introduzidas em 2017.

As origens do DLS remontam à década de 1990, quando fazia parte da antiga "Direção de Farmácia, Medicamentos e Laboratórios (3.ª Direção)", no âmbito da qual a quinta divisão era responsável pelos laboratórios. èmeAlguns anos mais tarde, na sequência de uma reforma interna, esta 5 divisão passou a incluir (i) o laboratório de saúde pública, (ii) o laboratório de saúde pública e (iii) a transfusão de sangue. Durante o mesmo período, foi feita uma primeira tentativa de criar um Departamento de Laboratórios com 3 divisões: (i) Laboratório de Saúde Pública, (ii) Laboratório de Saúde Pública e (iii) Transfusão de Sangue. èmeNo entanto, esta tentativa não foi bem sucedida e as três divisões foram novamente anexadas à Direção 3.

Pouco antes de 2003, o Professor Dénis KANDOLO, com o apoio da OMS e de outras partes interessadas, trabalhou para realizar a primeira conferência geral de saúde, no final da qual o decreto N°CAB/FP/JMK/PP/044/2003 de 28 de março de 2003, assinado pelo falecido Professor MASHAKO MAMBA, organizou pela primeira vez o subsector da LMC na RDC.

èmeNa sequência da reforma que teve lugar nesse mesmo ano, o Quadro Organizacional do Ministério da Saúde foi modificado com a criação de 13 Direcções, entre as quais a DLS passou a ser contada como uma 8 Direção. èmeèmeA título de recordação, o BM If Cléophas MALABA MUNYANJI , antigo Chefe de Divisão da Direção 3, foi o primeiro Diretor da Direção 8.

A reforma do sector da saúde de 2017 reestruturou a administração da saúde em direcções-gerais e o DLS foi organizado no âmbito da Direção Geral de Luta contra a Malária

(DGLM). Na altura, o recrutamento foi organizado de acordo com as normas internacionais e o BM If Cléophas MALABA MUNYANJI foi novamente selecionado como Diretor e Chefe de Serviços da nova DLS. Em novembro de 2022, após várias décadas à frente da DLS, o BM If Cléophas MALABA MUNYANJI foi promovido a Secretário-Geral para a Comunicação e os Media e um dos seus colaboradores, o Chefe de Divisão, BM Justin KINZIANGU MAWINA, assume esta responsabilidade até hoje.

Atualmente, o DLS, que é o olho do Ministério da Saúde, tem como principal missão a gestão de todos os aspectos da LBM, incluindo a organização do sistema laboratorial na RDC. Em particular, é responsável pelas políticas, regulamentos e planeamento de recursos para (i) laboratórios de saúde pública; (ii) laboratórios de análises clínicas; (iii) bancos de sangue; (iv) pontos de venda de produtos médicos (reagentes, materiais e equipamento médico); e (v) controlo de qualidade da água potável e dos alimentos. Para tal, conta com a competência técnica do INRB e dos laboratórios nacionais de programas especializados, como o Programa Nacional de Tuberculose (PNLT) e o Programa Nacional de Luta contra o VIH/SIDA (PNLS), que constituem o seu "braço técnico". O DLS inclui atualmente três divisões: (1) Orientação Clínica, (2) Segurança do Sangue e dos Produtos Sanguíneos e (3) Saúde Pública.

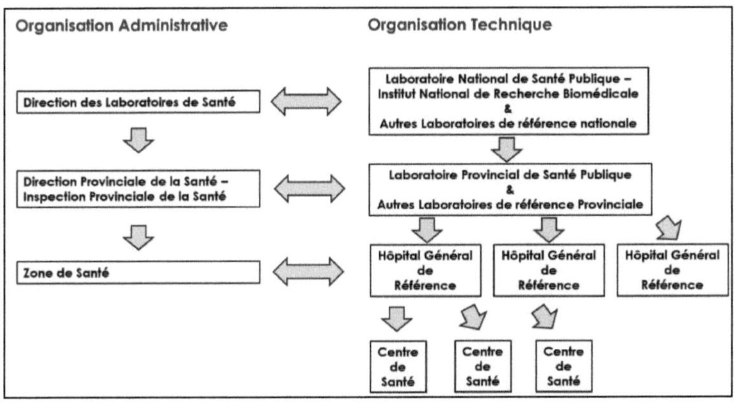

Figura 10: Organização do subsector dos laboratórios de saúde

Localizada ao nível central do sistema de saúde da RDC, a DLS depende da divisão provincial de saúde (DPS) e do laboratório provincial de saúde pública para todas as questões específicas de MGL ao nível intermédio (provincial). Dentro da DPS, é o gabinete responsável pela "Informação sobre a Saúde" que, entre outras coisas, gere atualmente o subsector da gestão da mortalidade infantil com um apoio significativo do laboratório provincial de saúde pública (Fig.10).

Vários documentos de normalização foram concebidos e validados pelo DLS com o apoio técnico e financeiro dos seus numerosos parceiros e a experiência do seu braço técnico, o INRB. É de salientar que existe uma boa relação de trabalho entre o DLS e o CNBM, que também contribui com a sua experiência, nomeadamente na conceção, redação e validação de documentos normativos.

A título de exemplo, eis alguns documentos normativos iniciados e/ou já publicados pela DLS:

✓ Política revista do subsector dos laboratórios de saúde (2005)
✓ Plano nacional de desenvolvimento do subsector dos laboratórios (2012-2016)
✓ Módulo de formação para prestadores de serviços sobre biossegurança/bio-segurança no laboratório (2022)
✓ Módulo de formação para prestadores de serviços sobre armazenamento e transporte de amostras no domínio da biologia médica (2022)
✓ Plano estratégico nacional para o desenvolvimento dos serviços de laboratório (PSNDSL 2021-2025)
✓ Guia de conceção e funcionalidade de laboratórios (2021)
✓ Directrizes de biossegurança (2021)
✓ Directrizes para as especificações técnicas de equipamentos, materiais e consumíveis e instalações técnicas de laboratório (2021)
✓ Manual de recolha de amostras biomédicas (2022)
✓ Módulo de formação para prestadores de serviços sobre a recolha de amostras biomédicas (2022)
✓ Guia de boa execução de análises (GBEA) (2023)

- ✓ Projeto de revisão do decreto relativo à organização e ao funcionamento dos laboratórios na RDC
- ✓ Projeto de despacho que aprova as empresas de distribuição de reagentes para análises de biologia médica
- ✓ Projeto de portaria que estabelece as condições de importação de dispositivos médicos para diagnóstico in vitro
- ✓ Projeto de portaria relativa ao registo e à autorização de introdução no mercado de dispositivos médicos para diagnóstico in vitro
- ✓ Projeto de decreto relativo à organização e ao funcionamento dos estabelecimentos de importação, distribuição e venda de dispositivos médicos para diagnóstico in vitro
- ✓ Projeto de decreto sobre o estatuto do laboratório provincial de saúde pública de Lubumbashi
- ✓ Projeto de revisão do manual de organização do sistema de laboratórios de saúde pública
- ✓ Projeto de decreto interministerial relativo à organização da rede de laboratórios na República Democrática do Congo
- ✓ Projeto de normas de transfusão de sangue
- ✓ Projeto de procedimento normalizado para a supervisão dos bancos de sangue
- ✓ Projeto de política de qualidade dos laboratórios nacionais

2.5.2 *Instituto Nacional de Investigação Biomédica (INRB)*

O Institut National de Recherche Biomédicale (INRB), fundado em 1984, é uma instalação de 70.000 m² localizada na Avenue de la Démocratie 5345 (anteriormente Huileries) na comuna de Gombe em Kinshasa. Laboratório nacional de saúde pública da RDC (LNSP), o INRB é um centro colaborador da OMS desde 2018.

As origens do INRB remontam ao tempo do Presidente Mobutu, que desejava que o seu país dispusesse de um grande centro biomédico segundo o modelo do Instituto Louis Pasteur de Paris. Uma comissão nacional, criada em 1975 pelo Professor NGWETE e presidida pelo Professor MUYEMBE, foi encarregada do projeto de criação de um centro de investigação biomédica segundo o modelo do Instituto Louis PASTEUR de Paris.

Os antigos edifícios de higiene foram renovados e foram construídos outros edifícios adicionais, tais como lojas, salas de amostragem e uma casa de virologia/animal.

O INRB foi criado com o financiamento da cooperação franco-congolesa. Foi inaugurado em 8 de dezembro de 1984 pelo Presidente francês François MITTERRAND e pelo primeiro Comissário de Estado do Zaire, Léon KENGO WA DONDO.

Nos seus primórdios, o INRB era co-gerido por peritos biomédicos franceses e zairenses. Mas após a partida precipitada dos cooperantes franceses em 1991, devido aos infelizes acontecimentos de pilhagem, o falecido Dr. KANKIENZA foi o primeiro diretor congolês a gerir o INRB (1991-1998). De 1998 até aos dias de hoje, o Professor Jean-Jacques MUYEMBE TAMFUM foi Diretor e depois "Diretor Geral" do INRB (Fig.11).

Durante a sua gestão, o INRB registou um desenvolvimento humano e material significativo. ᵉᵐᵉAtualmente, funciona de acordo com o Decreto do Primeiro-Ministro n.º 13/006, de 22 de janeiro de 2013, que indica que a sua missão é contribuir para a melhoria da saúde da população congolesa, implementando e promovendo, em toda a RDC, as investigações biomédicas necessárias para a pesquisa, diagnóstico, monitorização, prevenção e tratamento de doenças humanas de natureza epidémica ou endémica na RDC (Journal Officiel-54 ano n°3, Présidence RDC 2013).

Figura 11: Dr. Muyembe Tamfum Jean-Jacques, Professor Emérito e Diretor Geral do INRB, 1998-.

O seu pessoal científico conta atualmente com mais de 92 pessoas, incluindo 21 doutorados e cerca de 34 BM e 29 TL. A infraestrutura compreende vários laboratórios, incluindo dez laboratórios BSL-2 e um laboratório BSL-3. As suas actividades principais são a realização de análises biomédicas, a investigação aplicada e translacional, a vigilância de doenças transmissíveis e a promoção do crescimento e desenvolvimento profissional. O INRB tem vindo a desenvolver e a formar continuamente investigadores de qualidade e a produzir resultados notáveis, mais recentemente esforços concretos no controlo, prevenção e investigação no contexto da atual epidemia de Ébola (Fig. 12).

O INRB tem seis laboratórios principais dedicados à Virologia, Parasitologia, Bacteriologia, Entomologia Médica, Biologia Clínica e Patologia, incluindo um laboratório de genómica de agentes patogénicos, um biobanco, um centro de dados e um centro de investigação animal. Cada laboratório tem um diretor e um pessoal dedicado, incluindo estudantes e colaboradores internacionais. Cada laboratório possui o equipamento básico e o espaço necessário para uma investigação óptima. Está disponível para professores, estudantes, pós-doutorandos e pessoal de todo o INRB. Devido à estrutura do INRB, se for necessário partilhar e aceder ao equipamento de um laboratório individual, o acesso é concedido mediante pedido e aprovação dos directores desses laboratórios. O espaço comum do INRB inclui alguns equipamentos importantes. [15]Todos os funcionários e investigadores têm acesso, a pedido, a vários congeladores -80, tanques de azoto líquido, centrifugadoras, banhos de água, homogeneizadores de tecidos, vórtices, incubadoras, agitadores; e todos os laboratórios têm acesso a equipamento de cadeia de frio, como carregadores secos e congeladores portáteis.

---

[15] Fonte: Relatório anual de 2020 do Instituto Nacional de Investigação Biomédica, Kinshasa

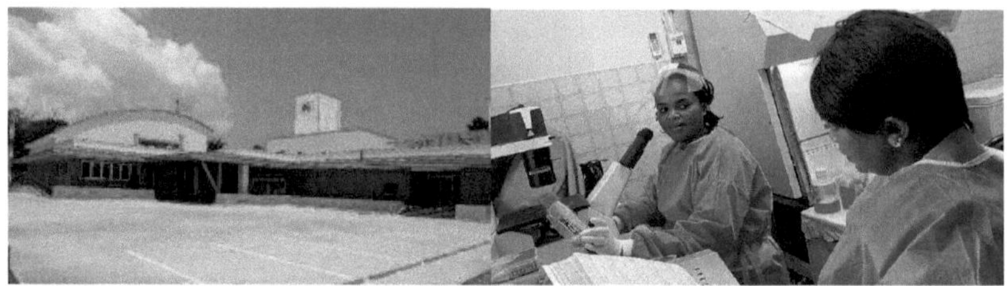

Figura 12: Esquerda: Novo edifício do INRB que alberga os laboratórios BSI-2 e BSL-3. À direita, dois BM a trabalhar no laboratório de virologia (bancada de cultura de células).

Enquanto LNSP, o INRB desempenha um papel de liderança na confirmação e gestão de epidemias, incluindo o Ébola no Kivu do Norte, Ituri e Equateur (2015-2022) e a COVID-19 (2020-2022).

Para além do apoio governamental, o INRB funciona e continua a desenvolver-se graças à colaboração e ao financiamento dos seus numerosos parceiros, representados na figura 13 pelos seus logótipos.

Figura 13: Logótipos dos parceiros **do INRB**

2.5.3 *Cercle de Réflexion en Techniques de Laboratoires (grupo de reflexão sobre técnicas de laboratório)*

O Cercle de Réflexion en Techniques de Laboratoires (CRTL) é uma associação sem fins lucrativos (ASBL) de direito congolês, cuja principal missão é a formação contínua e a reciclagem dos profissionais de laboratório na RDC.

Foi criado em 2004, quando um grupo de estudantes de laboratório do segundo ano do ISTM-KINSHASA decidiu estabelecer um quadro para partilhar e melhorar os seus conhecimentos de biologia médica.

O primeiro nome foi "cercle de jeune en techniques de laboratoire", mas em 2008, nos "Premières Rencontres Nationales de Biologie Technique", o CRTL foi adotado como nome definitivo.

O LTRC é composto por um órgão de coordenação nacional, com órgãos de coordenação provinciais e vários pontos focais, incluindo a nível internacional.

Hoje, sob a direção do seu coordenador, BM Christian LOBINGA, o CRTL tornou-se uma rede internacional de personalidades e instituições científicas de renome, e tem a seu crédito numerosas actividades relacionadas com a formação contínua, congressos/conferências e outras actividades de entretenimento (Fig. 14). Entre estas, contam-se os "rencontres nationales de biologie Technique" (encontros nacionais de biologia técnica), a formação contínua dos profissionais de laboratório da RDC, o apoio aos trabalhos práticos dos estudantes de biologia médica em vários ISTM do país e a pressão para obter equipamento para o laboratório moderno do ISTM-Kinshasa.

Figura 14a: Formação de peritos locais em diagnóstico biológico, Kinshasa, fevereiro de 2015 (Fonte: CRTL)

Figura 14b: Participantes na 6ª reunião nacional de biologia médica, Matadi, outubro de 2015 (Fonte: CRTL)

O LTRC está atualmente a criar um laboratório de formação contínua em Kinshasa.

O LTRC, o CNBM e outras instituições ligadas à biologia médica, nomeadamente o DLS, o INRB e os ISTM, trabalham em estreita colaboração.

2.5.4 *Dinâmica das mulheres biólogas médicas e técnicas de laboratório*

A Dynamique des Femmes BM et TL (DFBM) é uma organização que reúne todas as mulheres BM e TL da RDC, criada em conformidade com os artigos 6 e 24 dos estatutos do CNBM. É uma rede de mulheres do CNBM cujo objetivo é lutar contra as injustiças, as barreiras e as desigualdades observadas na comunidade em geral e na profissão em particular. Constitui igualmente um fórum de consulta, de discussão, de partilha, de reflexão e de intercâmbio sobre a profissão.

A ideia de criar o DFBM surgiu na assembleia geral do CNBM, a 10 de março de 2013, na sequência de uma proposta do Presidente Jean-François FEFE. Um mês depois, a 5 de abril de 2013, o MBD foi criado durante a primeira conferência de mulheres BM em África, no final da qual a DFBM/DRC foi nomeada presidente. Desde a sua criação até 2020, o DFBM foi presidido pela BM Sylvie MUSAMBA, e a partir de 2020, foi sucedida pela BM Claire BABEKI.

O comité de coordenação da DFBM é composto por Claire BABEKI (Presidente), Véronique NGOMBO (Tesoureira), Philomène MUSAMBA (Relações Externas), Claudine (Secretária),

Marina NDILU (Protocolo e Logística), Nancy MAKINFU (Secretária Adjunta), Freddy MALEMBE e Emery LUKAKU (Conselheiros). Até à data, o DFBM tem escritórios em Muanda, Matadi, Kimpese, Kisangani, Kikwit, Idiofa e Masimanimba.

Para além da participação dos membros em todas as actividades do CNBM e do CRTL, as principais actividades específicas do DFBM são as conferências científicas, os rastreios em massa de doenças como a malária, as bio-excursões e as caminhadas sanitárias (Fig. 15).

Figura 15: Membros do DFBM durante uma atividade em Kinshasa em 2019 (Fonte: DFBM)

2.5.5 Outras partes interessadas

- *Association Internationale des Technologistes Biomédicaux (ASSITEB-BIORIF):* é uma ONG desde 1972, tem relações oficiais com a OMS (1997), a Francofonia (2004) e é membro da RAPF (2011). O seu objetivo é reforçar as capacidades dos laboratórios. As suas actividades centram-se principalmente na formação, informação, assistência técnica, melhoria das condições de trabalho e promoção do valor do corpo profissional. Coordena uma rede em 23 países, nomeadamente na África francófona e no Haiti. O CNBM e a ASSITEB-BIORIF são parceiros desde 2000, tendo o CNBM participado em vários encontros africanos promovidos pela ASSITEB, nomeadamente em Dakar (2004), Brazzaville (2013), Yaoundé (2015) e Bamako (2019).
- *Federação das Associações Africanas de Tecnólogos Biomédicos (FASSATEB):* reúne as associações nacionais de TL e

BM da África "francófona". A FASSATEB tem como objetivo a promoção da tecnologia biomédica. Os seus objectivos específicos são: (i) reforçar os laços entre as associações africanas de técnicos biomédicos; (ii) melhorar a qualidade da biologia técnica em África; (iii) reforçar as capacidades de formação das escolas africanas de técnicos biomédicos; (iv) assegurar a formação contínua dos técnicos biomédicos africanos; (v) perpetuar os Rencontres Africaines de Biologie Technique; (vi) representar os seus membros em organismos oficiais africanos e internacionais; e (vii) participar na investigação biomédica. O CNBM é membro da FASSATEB desde a sua criação em 2009 e ocupa atualmente o cargo de Vice-Presidente, através do seu presidente nacional.

- *Regional Laboratory Professional Association*: reúne todas as associações que subscreveram a sua carta e os seus estatutos. Esta jovem associação, lançada pela Sociedade Africana de Laboratórios Médicos (ASLM) em dezembro de 2023 na Cidade do Cabo/República da África do Sul, está em vias de ser criada e deverá contar com o apoio das associações e conselhos nacionais de todos os países africanos, incluindo o CNBM. Os principais objectivos desta parceria ASLM-CNBM são os seguintes

  ✓ *Reforçar o desenvolvimento do pessoal dos laboratórios africanos* através de programas de formação profissional e de reforço das capacidades reconhecidos tanto a nível africano como nacional, a fim de responder às necessidades dos recursos humanos no sector da saúde.

  ✓ *Reforço dos sistemas de gestão da qualidade laboratorial* com vista à acreditação internacional para transformar a qualidade do diagnóstico e a prestação de serviços através da expansão e implementação do programa SLIPTA (Stepwise Laboratory Improvement Process Towards Accreditation) do Gabinete Regional da Organização Mundial de Saúde para África (OMS-AFRO).

  ✓ *Promover a profissão LBM* no continente africano.

  ✓ *Estabelecer um programa de cooperação e parceria Sul-Sul* para proporcionar oportunidades de formação de atualização, promover a transferência de competências e a colaboração, bem como outras oportunidades de formação para os jovens cientistas de laboratório do futuro.

✓ *Organizar conferências científicas* como um canal estratégico para divulgar as informações mais recentes sobre a LBM, a fim de influenciar os cuidados prestados aos doentes e as políticas de saúde pública, incentivando simultaneamente os membros a participarem nessas conferências.

✓ *Iniciar e manter uma ação de sensibilização* junto do governo, dos seus parceiros e dos doadores para o financiamento do sistema de laboratórios.

- *Biólogos médicos e técnicos de laboratório, os cérebros da medicina:* é um grupo no "Facebook" constituído principalmente por BM e TL cujo objetivo é regular a prática médica com publicações científicas e, em seguida, partilhar notícias relacionadas com o CNBM para os membros do grupo e o público em geral.

3 Perfil do técnico de laboratório e do biólogo médico (Repositório de competências necessárias à prática da biologia médica)

3.1 *Perfil de um técnico de laboratório*

A LT é responsável pela realização de exames de biologia médica e é responsável por todos os procedimentos, desde a fase pré-analítica até à fase pós-analítica. O resultado do teste fornecido pela LT, validado e interpretado pelo BM, confirma o diagnóstico e permite ao clínico tomar a decisão importante no tratamento médico do doente. Além disso, como já foi referido, a informação (resultado) fornecida pelo LBM permite à autoridade competente tomar a decisão importante no âmbito das actividades de saúde pública.

3.1.1 *Técnico de laboratório do ensino secundário*

A formação do médico de nível secundário (médico de nível secundário A2) tem a duração de quatro anos e é efectuada num estabelecimento especializado em ciências da saúde, sob a tutela do Ministério da Saúde, da Higiene e da Prevenção. [16]No termo da sua formação, o RT A2 é competente para (i) estabelecer uma comunicação profissional no âmbito das análises biomédicas; ii) tomar decisões no âmbito das análises laboratoriais biomédicas (iii) Efetuar análises biomédicas de parasitologia, hematologia, bacteriologia, bioquímica e imunologia (imunohematologia e imunosserologia) para diagnóstico, rastreio, vigilância terapêutica e/ou promoção da saúde, de acordo com as normas, boas práticas e regras de biossegurança; (iv) Exercer liderança na gestão de recursos e (v) Desenvolver-se pessoal e profissionalmente.

3.1.2 *Técnico de laboratório de nível universitário*

Anteriormente designados por TL A1, os TL de nível universitário estão habilitados a efetuar exames nos domínios da Parasitologia, Hematologia, Bacteriologia, Bioquímica, Imunologia, Histopatologia, Micologia e Virologia. Em meio hospitalar, são por

---

[16] Direção do Ensino das Ciências da Saúde/Ministério da Saúde. Repositório de Competências para o Técnico de Laboratório Médico de nível secundário

vezes chamados a assegurar o acompanhamento terapêutico dos doentes e da equipa de cuidados e podem participar em exames altamente especializados.

[17]Além disso, de acordo com o novo programa do "sistema LMD" introduzido na RDC, o Ministério do Ensino Superior e Universitário (MINESU) visou as seguintes competências

- Desenvolver uma comunicação simples e clara com os doentes, as suas famílias e os outros profissionais de saúde, no âmbito do diálogo biólogo-doente e biólogo-clínico;
- Estudar os conceitos fundamentais das ciências de base para compreender os ensinamentos teóricos e práticos específicos da biologia médica;
- Organizar os elementos necessários à realização de exames biológicos, analisar e tratar os resultados obtidos para fins de diagnóstico, acompanhamento terapêutico e prevenção;
- Apoiar uma política de garantia de qualidade das análises biológicas e de gestão dos riscos biológicos, químicos, físicos e radiológicos associados ao seu ambiente de trabalho;
- Desenvolver uma atividade de investigação aplicada (clínica) ou fundamental nos vários domínios da biologia médica, a fim de contribuir para a resolução de um problema de saúde pública na comunidade;
- Gerir os equipamentos, os materiais, os consumíveis, os reagentes e as existências de produtos e de amostras biológicas num laboratório de análises biomédicas, a fim de assegurar a sua organização e o seu bom funcionamento, utilizando ferramentas informáticas;
- Criar mecanismos de intervenção em matéria de saúde pública com base nos dados sanitários obtidos no laboratório de análises biomédicas;
- Apoiar os formandos (estagiários e técnicos de laboratório em exercício) no desenvolvimento de capacidades.

---

[17] https://www.orientation-pour-tous.fr/metier/technicien-de-laboratoire-medical,14106.html

Também é capaz de utilizar métodos analíticos semelhantes para efetuar exames na indústria farmacêutica, laboratórios veterinários e outros laboratórios alimentares.

Deve igualmente conhecer todos os conceitos e princípios da gestão da qualidade na LBM, incluindo a gestão dos riscos químicos e biológicos associados à natureza das técnicas e dos produtos utilizados, bem como a regulamentação aplicada nestes domínios, nomeadamente as normas ISO 15189, ISO 15190, etc.

Na RDC, um TL de nível A2 é qualificado e diplomado após quatro anos de formação de base em técnicas médicas; este diploma estatal é emitido pelo Ministério da Saúde Pública, da Higiene e da Prevenção. Um TL de nível A1 é qualificado após três anos de formação de base de nível universitário, de acordo com o programa aplicado pela secção "Técnicas Laboratoriais" do ISTM-Kinshasa e atribuído pelo MINESU.

Este último curso está a ser substituído por um Bacharelato em Ciências da Saúde, que conduz a uma *"Licence en Techniques de Laboratoire (LTLA)"*, em biologia médica, no domínio das ciências da saúde. Este programa foi oficialmente implementado em toda a RDC pelo MINESU desde o início do ano letivo de 2021-2022.

Com base neste perfil, um TL pode também seguir uma carreira como consultor na administração pública, técnico de manutenção biomédica, na indústria agroalimentar, farmacêutica e cosmética, assistente de investigação, especialista em saúde pública, especialista em qualidade e gestão de riscos.

No entanto, antes de iniciarem a sua carreira, os TL devem registar-se no Conselho Nacional de Biólogos Médicos e Técnicos de Laboratório da RDC (CNBM).

3.2 *Perfil do biólogo médico*

Para além de responder plenamente ao perfil de uma LT, o BM controla a realização de todos os procedimentos de biologia médica, valida e interpreta os resultados, elabora o relatório e envia-o ao prescritor (clínico, autoridade de saúde pública, etc.)

para participar no diagnóstico médico, no acompanhamento dos doentes e nas actividades de saúde pública.

O médico de família desempenha um papel fundamental na prevenção, no diagnóstico e no tratamento das doenças. Para além do diálogo que deve manter com os clínicos e com as autoridades de saúde pública, é também nomeado conselheiro dos doentes, nomeadamente dos que sofrem de patologias que exigem longos períodos de acompanhamento e exames e tratamentos frequentes. [18]Para o desempenho destas diferentes funções, os BM devem estar permanentemente informados e formados nos últimos avanços das ciências biomédicas.

As competências e qualidades exigidas a um BM incluem o conhecimento da nomenclatura dos procedimentos de biologia médica, o domínio das técnicas e métodos analíticos do LBM, incluindo os relativos à colheita de amostras de produtos biológicos, conhecimentos científicos e médicos, a capacidade de validar resultados, interpretar e adaptar-se à rápida evolução das técnicas e da legislação, a capacidade de aplicar a gestão da qualidade, incluindo a gestão dos riscos, e o espírito de equipa.

Na RDC, o diploma necessário para se tornar BM foi obtido após cinco anos de formação universitária de base, de acordo com o programa aplicado pela secção "Técnicas Laboratoriais" do ISTM-Kinshasa.

Este programa de formação está atualmente a ser substituído por um *"Maîtrise" (Mestrado em Inglês)* iniciado pelo MINESU a partir do início do ano académico de 2021-2022.

[ème]O primeiro programa validado pelo MINESU, o Mestrado em Bioquímica Clínica e Química (MBCC) é um curso de 2 ciclos na área das Ciências da Saúde, vertente Biologia Médica. Conduz a um mestrado em "Ciências da Saúde", com especialização em "Bioquímica Clínica e Química".

---

[18] Emprego de biólogo médico: missões, formação e salário
https://www.studyrama.com/formations/fiches-metiers/sante/biologiste-medical-37484

As competências específicas abrangidas por este MBCC são

- Estabelecer uma comunicação científica e profissional no âmbito da investigação fundamental ou aplicada;
- Implementação de métodos de diagnóstico molecular no laboratório de bioquímica clínica;
- Avaliar os mecanismos pelos quais o cancro e as doenças metabólicas ocorrem na comunidade;
- Avaliação da atividade das plantas medicinais e das terapias inovadoras nas doenças metabólicas;
- Aplicar as recomendações do Comité de Bioética sobre a utilização de produtos humanos e de seres humanos na investigação biomédica;
- Desenvolver a autonomia da investigação aplicada (clínica) ou fundamental nos diferentes domínios da biologia médica.

Os BM trabalham em laboratórios médicos e farmacêuticos, em organismos de investigação ou de ensino, em centros oncológicos, em estabelecimentos de transfusão de sangue, nas indústrias agroalimentar/farmacêutica e cosmética ou como consultores na administração pública.

Tal como o TL, o BM é obrigado a registar-se no CNBM.

O desenvolvimento profissional de um BM pode levá-lo a tornar-se diretor de uma unidade médica, chefe de uma divisão provincial de saúde, inspetor de saúde pública e até professor universitário após uma investigação de doutoramento eficaz que conduza a um diploma universitário.

4 Formação de base para técnicos de laboratório e biólogos médicos na República Democrática do Congo

Existem dois tipos sucessivos de formação de base para os ET e BM na RDC. O primeiro tipo de formação inicial, o sistema pós-colonial, decorre, respetivamente, entre os anos lectivos de 1973-1974 e 2020-2021 e de 1998-1999 e 2020-2021 para os AT e BM. As competências e os perfis em causa são apresentados no capítulo 3 e no ponto 4.1 infra.

O segundo tipo de formação de base, de acordo com o sistema LMD, terá início no ano letivo de 2021-2022 e inclui uma licenciatura em Técnicas Laboratoriais e um mestrado numa das áreas da biologia médica, sendo a primeira a Bioquímica Clínica-Química.

4.1 *Sistema tradicional*

O TL, licenciado em Técnicas de Laboratório, teve uma formação de três (3) anos a nível universitário. Esta formação estava reservada a todos os candidatos titulares de um diploma de Estado, ou seja, de um diploma de bacharelato. [19]Esta formação incluía cursos teóricos e práticos, que representavam respetivamente quarenta e seis (46) e cinquenta e quatro (54) por cento; os trabalhos práticos e os estágios obrigatórios durante as férias de verão garantiam que as competências do TL eram particularmente "técnicas".

[20]Quanto ao BM ou licenciatura em Técnicas Laboratoriais, opção *"Biologia Médica"*, a formação foi igualmente orientada para a competência técnica, reservada exclusivamente aos licenciados em Técnicas Laboratoriais, e incluiu cinquenta e seis (56) por cento de trabalho prático, mais cerca de cinco (5) meses de estágio durante os dois (2) anos de formação.

---

[19] ISTM-Kinshasa. Conteúdo da formação para o Licenciado em Técnicas Laboratoriais.
http://istmkin.education/fr/techniques-de-laboratoire/

[20] ISTM-Kinshasa. Conteúdo do curso de Bacharelato em Técnicas Laboratoriais.
http://istmkin.education/fr/techniques-de-laboratoire/

As competências visadas para o TL e o BM incluíam

4.1.1 *Técnico de laboratório*

No final da sua formação, os licenciados em Técnicas Laboratoriais deverão ser capazes de desempenhar as seguintes tarefas principais

- Recolha de amostras biológicas em clínicas e no terreno para análises biomédicas;
- Validar e interpretar tecnicamente os resultados das análises biomédicas;
- Preparar e testar reagentes, padrões e meios de cultura;
- Gerir e utilizar os equipamentos e acessórios fornecidos;
- Elaboração de mapas de necessidades e manutenção de inventários de existências;
- Supervisionar e gerir o pessoal disponibilizado, incluindo os estagiários.

O TL pôde também trabalhar na investigação, na indústria farmacêutica e agroalimentar, no ensino e na administração pública no domínio da saúde pública.

4.1.2 *Biólogo médico*

O licenciado em Técnicas Laboratoriais, opção Biologia Médica, deverá ser capaz de gerir um laboratório médico e realizar, nomeadamente, as seguintes tarefas

- Monitorizar eficazmente o desempenho das análises biomédicas;
- Validação biológica e interpretação dos resultados das análises;
- Coordenar as actividades do serviço e supervisionar os TL, tanto do ponto de vista científico como profissional;
- Gerir eficazmente os recursos humanos, financeiros e materiais;
- Supervisão de estagiários;
- Supervisionar o controlo de qualidade das análises, dos produtos e dos reagentes;
- Diálogo com as partes interessadas (doentes, médicos, etc.)

O BM pode igualmente desempenhar um papel importante na vigilância epidemiológica, na indústria farmacêutica e agroalimentar, no ensino e na administração pública no domínio da saúde pública, do ensino superior e universitário e da investigação científica.

4.2 *Sistema "Licence- Maîtrise- Doctorat" ("Biologia Médica", curso do domínio "Ciências da Saúde")*

Em consonância com a visão do governo da RDC de revitalizar, requalificar e inovar o ensino superior e universitário, foram realizadas várias iniciativas nos últimos anos com este objetivo. Entre estas, destaca-se a Assembleia Geral da ESU, realizada em Lubumbashi de 6 a 14 de setembro de 2021, em que uma das recomendações foi o desenvolvimento da reforma do LMD a partir do início do ano letivo de 2021-2022. Assim, a reforma curricular para promover a ancoragem em coerência com o quadro normativo contextualizado do sistema de LMD era óbvia.

[21]Peritos (professores e especialistas) de todas as áreas trabalharam eficazmente para produzir ofertas de formação, incluindo uma para a licenciatura em Técnicas Laboratoriais e outra para o mestrado em Biologia Médica, com os cursos de *Bioquímica-Química Clínica*, *Hematologia-Imunohematologia* e *Microbiologia Médica* em primeiro lugar na lista.

As competências relativas a estes dois cursos são apresentadas no capítulo 3.

---

[21] MINESU. Modelos de bacharelato e de mestrado, na área das ciências da saúde. MINESU-RDC 2021

5   Situação e papel dos técnicos de laboratório e dos biólogos médicos na República Democrática do Congo

Existem muito poucos regulamentos que regem a profissão de biólogo médico na RDC. A consequência imediata é o atual contexto da MGL, caracterizado por uma negligência generalizada do sector da MGL. Apesar de ter sido iniciada uma melhoria significativa do sistema de gestão da qualidade nos níveis central e intermédio do sistema de saúde da RDC, nomeadamente com a liderança do INRB e da Direction des Laboratoires de Santé (DLS), o sistema de gestão da qualidade na RDC continua a ter um desempenho insuficiente, de acordo com os relatórios das poucas avaliações efectuadas em todo o país.

Um dos poucos documentos existentes que regem a profissão data de 2003. [22]O exercício da biologia médica está reservado exclusivamente aos titulares de um título ou de um diploma correspondente a seis anos de estudos secundários para o nível A2 de TL, a três anos de estudos no ciclo universitário para o nível A1 de TL, a uma licenciatura em biologia médica para o BM e a um diploma de base em medicina ou farmácia completado por uma especialização num dos ramos da biologia médica para os médicos e farmacêuticos, respetivamente .

Com a implementação do sistema LMD no ESU, incluindo para o domínio das "Ciências da Saúde", bem como os numerosos desenvolvimentos do sistema LBM na RDC e da tecnologia relacionada com o LBM, é necessário e mesmo urgente iniciar novos textos para a prática da biologia médica na RDC. Estes textos incluirão

- Atualizar o Despacho Ministerial nº1250/ CAB/MIN/S/CJ/13/2003 de 03/05/2003 sobre a organização e o funcionamento dos laboratórios de saúde na RDC;
- Atualizar o texto da política nacional para o sistema LBM na RDC;
- Elaboração do texto relativo ao estatuto da LT e da BM da RDC.

---

[22] Decreto ministerial nº1250/ CAB/MIN/S/CJ/13/2003 de 03/05/2003 sobre a organização e o funcionamento dos laboratórios de saúde na RDC.

Quanto à função, o Despacho n.º 1250/CAB/MIN/S/CJ/13/2003 do Ministério da Saúde, de 3 de maio de 2003, e outras instruções congolesas estipulam que a LA e/ou a BM são responsáveis por todas as actividades relacionadas com o processo analítico e asseguram que estas são realizadas corretamente e cumprem os requisitos fundamentais de qualidade e competência. Trata-se essencialmente de preparar o doente para as amostras; colher as amostras, com exceção daquelas para as quais é necessária uma formação específica; receber e preparar as amostras, incluindo o seu acondicionamento e expedição, se necessário; analisar as amostras em conformidade com os procedimentos e instruções pertinentes, incluindo a validação técnica dos resultados; assegurar a validação biológica dos resultados pelo BM, seguida de uma gestão adequada da informação.

Espera-se também que comuniquem, desenvolvam e mantenham o diálogo com todas as partes interessadas, incluindo i) outros profissionais de saúde em instalações médicas (técnicos farmacêuticos e de radiologia, fisioterapeutas, enfermeiros, farmacêuticos, médicos, técnicos de superfície e pessoal administrativo, fornecedores de produtos IVD, etc.), ii) os intervenientes na vigilância epidemiológica de doenças (epidemiologistas, antropólogos, enfermeiros, médicos, outros peritos em saúde pública, etc.), iii) investigadores e outros intervenientes no desenvolvimento de IVD.), ii) intervenientes na vigilância epidemiológica das doenças (epidemiologistas, antropólogos, enfermeiros, médicos, outros peritos em saúde pública, etc.), iii) investigadores e outros intervenientes no funcionamento de um laboratório de ensino em meio universitário.

6 Locais de trabalho da profissão de técnico de laboratório e de biólogo médico.

As TL e BM são atualmente úteis em muitos domínios da vida profissional, da saúde à investigação científica operacional ou empírica. Eis alguns dos ambientes profissionais em que as LT e BM são utilizadas:

6.1 *Estrutura médica*

Num estabelecimento de saúde (centro de saúde, hospital, clínica, centro de diagnóstico, laboratório de saúde pública), os TL e os BM são responsáveis por garantir que o processo analítico é realizado corretamente e que os resultados são fiáveis e coerentes com o estado clínico do doente.

6.2 *Instituições técnicas, de ensino superior e universitárias*

Com os seus conhecimentos e competências técnicas, os TL e BM podem encarregar-se de trabalhos práticos e profissionais para os alunos, bem como de análises relativas à investigação efectuada nestes ambientes. O BM pode também preparar reagentes e meios de cultura ou iniciar uma investigação sob a supervisão de um investigador certificado, como um professor.

O BM, em particular, pode assumir e desempenhar eficazmente o papel de professor e/ou supervisor educativo de alunos ou aprendentes em universidades e outras instituições de ensino superior na área das ciências da saúde, nomeadamente em biologia médica.

É de salientar que os DT e BM podem completar a sua formação até à defesa de uma tese de doutoramento, o que lhes permite iniciar uma carreira de professor universitário.

6.3 *Indústrias*

Nas indústrias agroalimentar, farmacêutica e cosmética, os RT e os BM são responsáveis pelas actividades relacionadas com a recolha e o tratamento das amostras, incluindo o acondicionamento e a expedição, a preparação do material, as análises (de produtos alimentares e químicos), a validação e a interpretação dos resultados e a gestão dos dados laboratoriais.

6.4 *Administração pública*

Os TL e os BM fornecem os seus conhecimentos na administração pública, nomeadamente nos ministérios e nas divisões provinciais relacionadas com a saúde e a investigação científica. São sobretudo "Conselheiros", mas podem também ocupar cargos de "Chefe de Gabinete", "Chefe de Divisão", "Diretor", "Diretor-Geral", "Secretário-Geral". Além disso, os TL/BM não estão excluídos ou proibidos de participar na vida política como "Conselheiro Municipal", "Deputado Provincial/Nacional", "Senador", "Membro do Governo Provincial/Nacional" ou "Presidente da República".

6.5 *Organizações governamentais e não governamentais*

A execução de projectos, a consultoria e os inquéritos no terreno são cada vez mais as funções desempenhadas pelos TL e BM em organizações governamentais e não governamentais nacionais e internacionais. Entre os exemplos contam-se organizações como a OMS, a Agência dos Estados Unidos para o Desenvolvimento Internacional (USAID), a Agência Belga para o Desenvolvimento (ENABEL), a Agência Japonesa de Cooperação Internacional (JAICA), a Aliança Mundial para as Vacinas e a Imunização (GAVI), a Clinton Health Access Initiative (CHAI), o Centro Internacional de Cuidados e Tratamento da SIDA (ICAP) e as Actions Communautaires SIDA/ Avenir Meilleur pour les Orphelins (ACS/AMO-Congo).

7 Organização e funcionamento de um laboratório de biologia médica (requisitos de qualidade e competência)

Como no resto do mundo, para além das normas nacionais e regionais, a LBM da RDC rege-se principalmente pela norma internacional ISO 15189, cuja versão de dezembro de 2022 descreve os requisitos actualizados em matéria de qualidade e competência. É de notar, contudo, que muito poucos LMC na RDC implementaram o SGQ na sua organização e funcionamento.

Globalmente, a organização e o funcionamento de um laboratório requerem infra-estruturas, equipamentos e métodos,

Um MBL deve satisfazer, mas não se limitar a, os seguintes requisitos

7.1 *Requisitos gerais*

Em termos gerais, estas incluem a imparcialidade, a confidencialidade (gestão da informação, comunicação da informação, responsabilidades do pessoal) e os requisitos relativos aos doentes.

7.2 *Requisitos estruturais e de governação*

Um LBM deve ser reconhecido como uma entidade jurídica dirigida por um diretor de laboratório com competências, responsabilidades e capacidade para delegar tarefas e/ou responsabilidades nos seus colegas.

As actividades de um LBM devem ser claramente descritas e cumprir os requisitos baseados nos serviços de consultoria. Uma estrutura, através de um organigrama com a definição da autoridade em cada nível de responsabilidade, incluindo a gestão da qualidade. Por último, os objectivos e as políticas devem ser definidos, explicados a todo o pessoal e aplicados de forma contínua. A gestão dos riscos também deve ser efectuada em conformidade com as normas locais e/ou internacionais (ISO 15190: 2020).

7.3 *Necessidades de recursos*

A LBM deve dispor de pessoal qualificado, competente e, em menor grau, eficiente, para poder prestar serviços quotidianos válidos. A formação contínua, a avaliação regular e o desenvolvimento profissional do pessoal devem ser documentados e implementados.

O laboratório deve funcionar em instalações adequadas que cumpram todos os requisitos de segurança e proteção biológica. As instalações de receção de clientes (doentes), de colheita de amostras biológicas, de análise, de armazenamento e outros locais dedicados a actividades administrativas e sanitárias devem cumprir os requisitos específicos de um LMB, nomeadamente o controlo permanente das condições ambientais de temperatura, humidade e, se necessário, de pressão das salas de análise.

Deve ser utilizado equipamento adequado, tão atualizado e eficiente quanto possível, adquirido a fornecedores legalmente reconhecidos, selecionado e avaliado regularmente, de acordo com métodos verificados/validados, incluindo as condições locais. O objetivo é garantir o funcionamento correto e evitar a contaminação ou deterioração. Além disso, todo o equipamento, sempre que possível, deve ser calibrado sempre que necessário e a rastreabilidade metrológica deve ser assegurada e documentada.

Os reagentes incluem todas as substâncias adquiridas comercialmente ou preparadas localmente (pelo próprio LBM), padrões e controlos, meios de cultura, consumíveis (material de vidro de utilização única, pontas de pipeta e outros materiais necessários para as análises de biologia médica. Tal como o equipamento, os reagentes utilizados devem ser sujeitos a um procedimento rigoroso de fornecimento, verificação/validação, armazenamento, testes de aceitação e gestão de stocks.

Por último, todos os serviços de apoio necessários à gestão e à realização das suas actividades devem estar disponíveis e ser eficazmente mantidos. Trata-se, por exemplo, de contratos com os utilizadores do laboratório, por um lado, e com os operadores das necessidades suplementares relativas às análises de biologia médica fora do local, por outro.

No que respeita aos produtos e serviços fornecidos por prestadores de serviços externos, o GPL deve garantir que são adequados. Por exemplo, o GFV deve dar a conhecer os seus requisitos aos laboratórios e consultores subcontratados, particularmente no que respeita à competência do pessoal técnico, aos procedimentos analíticos e à gestão dos resultados críticos. Por último, o GFV deve ter procedimentos para a revisão e aprovação dos produtos e serviços fornecidos por prestadores de serviços externos.

7.4 *Requisitos do processo*

Recomenda-se que o LBM reduza, tanto quanto possível, os riscos relacionados com a gestão dos doentes ao longo de todo o processo analítico. Para tal, é obrigatória a utilização de procedimentos escritos e validados localmente para cada uma das actividades relacionadas.

Durante todo o processo pré-analítico, os clientes devem ter acesso a todas as informações relevantes relacionadas com as instalações técnicas disponíveis, instruções sobre a recolha e manuseamento de amostras, consentimento do doente, se necessário, e transporte e receção de amostras.

No que respeita ao processo analítico, o LBM deve utilizar métodos validados que sejam tão universais quanto possível. Para o efeito, as especificações de desempenho de cada método analítico devem ser adequadas à análise em causa e ao seu impacto nos cuidados ao doente. Toda a documentação, incluindo os procedimentos relacionados, deve estar acessível ao pessoal. O pessoal é obrigado a cumprir as instruções e os procedimentos. Por último, o pessoal qualificado e autorizado deve avaliar regularmente os métodos analíticos utilizados na plataforma técnica do LBM para garantir que continuam a ser adequados aos pedidos de análise recebidos.

Investigações biomédicas exactas e eficazes são essenciais para a prevenção, o diagnóstico e a gestão da doença. Os resultados das análises produzidas pelo LBM representam a principal e indispensável informação numa abordagem preventiva, diagnóstica, prognóstica e terapêutica, incluindo na implementação da cobertura universal de saúde, que requer uma mudança fundamental na prestação e integração de serviços, de modo a satisfazer as diversas necessidades das comunidades.

A história das LT e BM da RDC está intimamente ligada à do ISTM-Kinshasa e a um certo número de personalidades, entre as quais os antigos peritos da OMS, a cooperação belga e, sobretudo, os pioneiros das LT e BM da associação profissional ATELAMEZ, atualmente denominada CNBM.

Muitos TL e BM desenvolveram-se profissionalmente e são agora professores universitários, peritos em organizações governamentais e não governamentais nacionais e internacionais, directores de empresas e empresários nos domínios da saúde pública e mesmo da política nacional.

Hoje, com a implementação do sistema de ensino LMD, os actuais e futuros TL/ BM têm a oportunidade, para além da clínica e da saúde pública onde desempenham o papel mais importante, de desenvolver as suas carreiras em áreas como a universidade, a administração pública, a indústria, os negócios e a política na RDC.

Referências

- Linsuke S, Nabazungu G, Ilombe G, Ahuka S et al. Laboratórios médicos e qualidade dos cuidados: a área mais negligenciada nos hospitais rurais da República Democrática do Congo. *MAN* 2020
- Horton S, Fleming KA, Kuti M, et al. Os 25 principais testes laboratoriais por volume e receita em cinco países diferentes. *Am J Clin Pathol* 2019; 151: 446-51.
- Kenneth A Fleming, Susan Horton, Michael L Wilson, Rifat Atun, et al. The Lancet Commission on diagnostics: transforming access to diagnostics. *Lancet* 2021 Vol 398
- Ministério do Ensino Superior e Universitário. Maquettes de licence et de maitrise domaine de sciences de la sante. Kinshasa 2021
- Organização Internacional de Normalização. Laboratórios médicos - Requisitos de qualidade e competência (ISO 15189: 2022). Genebra 2022
- Ministério da Saúde Pública, da Higiene e da Prevenção. Direção dos Laboratórios de Saúde. Guia de boa execução das análises de biologia médica. Kinshasa, RDC 2012.
- Tawite S, Mukadi P. Preliminary report of the assessment of the specimen reference system in Equateur Province, Democratic Republic of Congo (Relatório preliminar da avaliação do sistema de referência de espécimes na província de Equateur, República Democrática do Congo). Centro Internacional para o Programa de Cuidados e Tratamento da SIDA 2022 (Não publicado)
- Ministério da Saúde Pública, Higiene e Prevenção. Despacho ministerial N°CAB/FP/JMK/PP/044/2003 de 28 de março de 2003 relativo à criação do laboratório médico. Kinshasa 2003
- Ministério da Saúde Pública, Higiene e Prevenção. Arrêté n°1250/ CAB/MIN/S/CJ/13/2003 du 03/05/2003 portant organisation et fonctionnement des laboratoires de santé en République Démocratique du Congo. Kinshasa 2003

- Lufuluabo J, Planification, organisation et administration d'un service national de laboratoire de santé publique. Echos des Tropiques, ISBN: 99951-51-25-1, Kinshasa, 2021
- Instituto Nacional de Investigação Biomédica. Relatório anual. Kinshasa 2020
- Organização Mundial de Saúde (OMS). Manual de técnicas laboratoriais básicas. OMS, Genebra 1982
- Organização Mundial de Saúde (OMS). Sistema de Gestão da Qualidade Laboratorial, Ferramenta de Formação. OMS, Genebra 2012
- Butel MJ, Cals MJ. Repositório de competências necessárias para a prática da biologia médica. 2008
- Instituto Canadiano de Informação sobre Saúde. Os técnicos de laboratório médico e o seu local de trabalho. Québec, 2010
- República Democrática do Congo, Jornal Oficial. Constituição da República Democrática do Congo, alterada pela Lei n.º 11/002, de 20 de janeiro de 2011, que revê determinados artigos da Constituição da República Democrática do Congo, de 18 de fevereiro de 2006. Kinshasa 2011
- Instituto Superior de Técnicas Médicas. Contenu de la formation du Gradué en Techniques de Laboratoire. ISTM-Kinshasa http://istmkin.education/fr/techniques-de-laboratoire/ (Página consultada em 19 de janeiro de 2023)
- Instituto Superior de Técnicas Médicas. Conteúdo da formação para a licenciatura em Técnicas Laboratoriais. http://istmkin.education/fr/techniques-de-laboratoire/ (Página consultada em 19 de janeiro de 2023)
- Ministério da Saúde Pública, Higiene e Prevenção. Lei n.º 18/035, de 13 de dezembro de 2018, que estabelece os princípios fundamentais relativos à organização da saúde pública na República Democrática do Congo. Kinshasa 2018
- Presidência da República, Decreto n.º 13/006, de 22 de janeiro de 2013, relativo à criação, organização e funcionamento de um estabelecimento público denominado "Institut National de Recherche Biomédicale", abreviadamente designado por "I.N.R.B". Kinshasa 2013

- Conselho Nacional de Biólogos Médicos e Técnicos de Laboratório. Estatutos. Kinshasa 2019
- Ministério da Saúde Pública, Higiene e Prevenção. Plano Nacional de Desenvolvimento Sanitário (PNDS) 2011-2015. Kinshasa 2010
- Ministério da Saúde Pública, Higiene e Prevenção. Organização do Sistema de Laboratórios de Saúde Pública no âmbito da vigilância epidemiológica, março de 2005
- Nkengasong JN, Nsubuga P, Nwanyanwu O, et al. Laboratory systems and services are critical in global health, *Am J Clin Path*. 2010;134;368-73.
- https://www.studyrama.com/formations/fiches-metiers/sante/biologiste-medical-37484#formations Páginas visualizadas em 14 de abril de 2023

Outros recursos
- èmeApresentações no 43º aniversário do CNBM: 20 de março de 2021 no INPESS, Kinshasa
- Entrevistas com os membros co-fundadores da ATELAMEZ, presidentes e outros membros dos sucessivos comités nacionais desde a criação do primeiro comité no sábado, 18 de março de 1978 (Alois BATANGILAYI), depois Denis KANDOLO KAKONGO, Papy MUWOYA, Pascal MANUELE (2014-2018) e Blandin BOKABELA (2018-2022).

Pioneiros da biologia médica na República Democrática do Congo entrevistados durante a redação deste livro

Nomes	Descrição	Função/ Associação
ère MUSHIYA WA KALONJI Elisabeth (1.ª classe/ 1976)	Biólogo médico responsável pelo controlo das doenças prioritárias no INRB	Secretário Adjunto/ ATELAMEZ, 1978- 1986
ère LUFULUABO KASUYI Jean (1.ª classe/ 1976)	Professor no ISTM-Kinshasa	Consultor científico, CNBM, 2008- até à data
ère KANDOLO KAKONGO Dénis (1 Graduação/ 1976)	Professor no ISTM-Kinshasa e Reitor da Universidade de Kalima	Presidente/ ATELAMEZ- CNTL, CNBM, 1986- 2001
ère BATANGILAYI MESU Aloïs (1 classe de graduação/ 1976)	Diretor de Qualidade do Centro Nacional de Transfusão de Sangue, Kinshasa	Presidente/ ATELAMEZ, 1978- 1986
ère KABENGELE WA KABENGE Marcel (1 Graduação/ 1976)	Chefe de Investigação do ISTM-Kinshasa e investigador do Centro Regional de Estudos Nucleares de Kinshasa	Secretário Honorário ATELAMEZ, 1978- 1986
ème BOKABELA Blandin (12ª classe/ 1988)	Gestor do Banco de Sangue, Cliniques Universitaires de Kinshasa Auditor técnico LBM	Presidente do CNBM, 2018-
ème MUWOYA Ndjungayane Papy (9.ª classe/ 1985)	Chefe de Laboratório MONUSCO	Presidente CNTL- CNBM, 2001 - 2014
ème Fefe BALEKA (9ª classe/ 1985)	Coordenador médico-técnico/ Clinique Ngaliema Responsável pela formação/ Programa Nacional de Controlo da Tuberculose Diretor Médico-Técnico/ CHIP	Presidente Provincial do CNBM - Kinshasa, 1991- 2016

I want morebooks!

Buy your books fast and straightforward online - at one of world's fastest growing online book stores! Environmentally sound due to Print-on-Demand technologies.

Buy your books online at
www.morebooks.shop

Compre os seus livros mais rápido e diretamente na internet, em uma das livrarias on-line com o maior crescimento no mundo! Produção que protege o meio ambiente através das tecnologias de impressão sob demanda.

Compre os seus livros on-line em
www.morebooks.shop

Printed by Books on Demand GmbH, Norderstedt / Germany